Gerhard Kotschenreuther

Rom –
100 unbekannte und geheimnisvolle Orte

Denis Zaporozhtsev/stock.adobe.com

Impressum

Gerhard Kotschenreuther
Rom – 100 unbekannte und geheimnisvolle Orte
erschienen im
Reise Know-How Verlag Peter Rump GmbH,
Osnabrücker Str. 79, 33649 Bielefeld

1. Auflage 2020

ISBN 978-3-8317-3274-6

Gestaltung und Bearbeitung
Cover: Aneta Niemitz
Umschlag: Günter Pawlak, faktorzwo
Inhalt: G. Pawlak (Layout)
Karten: der Verlag
Titelfoto: der Autor
Fotonachweis: s. S. 308
Lektorat: Daniela Tannebaum

Druck und Bindung
Mediaprint Solutions, Paderborn

Denis Zaporozhtsev/stock.adobe.com

Gerhard Kotschenreuther

Rom – 100 unbekannte und geheimnisvolle Orte

Inhalt

Außerhalb des Zentrums

Anhang

Vorwort

Wie kommt man auf die Idee, hinter lauter wenig oder gänzlich unbekannten Sehenswürdigkeiten herzujagen? Ganz einfach. Nachdem ich zahlreiche Studienreisen nach Rom geleitet hatte und dabei immer wieder meist zufällig auf interessante, sehenswerte Stätten gestoßen war, begann ich, mich immer intensiver mit neuen Entdeckungen zu beschäftigen. Je tiefer man in die Materie „geheimes Rom" – im wahrsten Sinne des Wortes – eintaucht, desto interessanter wird sie und desto mehr findet man heraus.

Die hier präsentierte Auswahl ist das Ergebnis vieler intensiver Reisen nach Rom. Ich hoffe, dass ich bei Ihnen genauso viel Interesse wecken und Sie vielleicht auch dazu inspirieren kann, selbst auf Entdeckungsreise zu gehen. Viel Spaß und buon viaggio!

Mein besonderer Dank geht an Dr. Hanne Seelmann, Caroline Merkel, Signora Maria Rosaria Febbraro, Signor Mimmo Cavallaro und an meine Lektorin Daniela Tannebaum.

Gerhard Kotschenreuther

Hinweis:
Sämtliche Übersetzungen aus dem Lateinischen und weiteren Sprachen stammen vom Autor.

Das Schlüsselloch, durch das der Vatikan in Rom sichtbar ist

Piazza dei Cavalieri di Malta

Via di Santa Sabina

Haltestelle Greca, Buslinien 81, 160 und 628.
Dann über die Via di Santa Sabina in Richtung Basilika Santa Sabina.

Die Magistralvilla öffnet freitags vormittags für Besucher (Ausweis nicht vergessen).
Infos und Anmeldung im Besucherzentrum im Magistralpalast
an der Via Bocca di Leone 73 in 00187 Rom.

Eine kleine Gebrauchsanleitung

Alle Öffnungszeiten, Kontaktdaten, E-Mail-Adressen wurden bestmöglich recherchiert, aber auch in der Ewigen Stadt ist nichts ewig. Es ändert sich ständig etwas. Damit Sie nicht unerwartet vor verschlossenen Türen stehen, ist es sinnvoll, kurzfristig noch einmal aktuelle Informationen abzurufen.

Um die beschriebenen Themen noch etwas transparenter zu machen, sind jeweils wertende Sterne und Symbole beigefügt, die erklären, wie einfach oder schwierig eine Attraktion zu besichtigen ist.

✶ sehr interessant
✶✶ außergewöhnlich
✶✶✶ sensationell

● problemlos zugänglich, klare Öffnungszeiten
■ unklare oder seltene Öffnungszeiten, mit Anmeldung oder nur mit Führung
▲ schwierig, nur nach Anmeldung, sehr selten geöffnet

Einige der beschriebenen Sehenswürdigkeiten sind nicht öffentlich zugänglich. Das bedeutet, dass man an einer Führung teilnehmen muss, für die eine Anmeldung erforderlich ist. Solche Führungen werden, in der Regel an Wochenenden, von Vereinen und Gesellschaften organisiert. Meist sind es junge Archäologinnen oder Kunsthistoriker, die sie machen. Auch wenn diese Programme überwiegend in italienischer Sprache – und das oft auch noch in epischer Breite – durchgeführt werden, sollte das für Sie kein Problem sein. Es geht ja in erster Linie darum, hineinzukommen und sich umzusehen und vielleicht auch, um Fotos zu machen. Alles Wichtige haben Sie ja in knapper Form in diesem Buch dabei.

Sinnvoll ist es, sich zwei bis drei Wochen vor der Reise Gedanken zu machen, was man besuchen möchte, um dann im Internet nachzuschauen, wo und wann es Führungen gibt. Und wenn man ohne Anmeldung erscheint, ist es für eine oder zwei Personen erfahrungsgemäß kein

Problem, sich spontan einer Führung anzuschließen, wenn man rechtzeitig vor Ort ist.

Oft steht eine Tür offen oder ist nur angelehnt. Dann kann man einen vorsichtigen Versuch unternehmen und nachschauen, was sich dahinter verbirgt. Es lohnt sich auch, einfach jemanden zu fragen, z. B. einen Priester oder jemanden, der „verantwortlich" aussieht, ob es möglich ist, dieses oder jenes zu sehen. Mehr als ein „nein" wird man im schlimmsten Fall nicht zu hören bekommen, doch häufig kommt man ins Gespräch und dann geht doch etwas. Also einfach den Versuch wagen.

Die meisten der in diesem Buch vorgestellten Sehenswürdigkeiten sind im historischen Zentrum der Stadt und daher in der Regel bequem zu Fuß zu erreichen. Zu allen anderen gelangt man mit öffentlichen Verkehrsmitteln.

Hier finden Sie alle wichtigen Informationen:
www.060608.it/en.

Die offizielle Seite der Stadt Rom führt zu fast allen Orten die aktuellen Öffnungszeiten, Hinweise auf Führungen und kurze allgemeine Informationen in Englisch. Auch wird aufgelistet, welche Organisation die nächsten Führungen anbietet.

Bei diesen Vereinen und Gesellschaften kann man direkt aktuelle Termine finden und buchen:

www.sotterraneidiroma.it
www.spazioliberocoop.it → Programmazione

www.visite.romasotterranea.it/tour
www.romafelix.it/events
www.miramuseo.com
www.romasparita.eu/visite-culturali/elenco-visite-culturali
www.lasinodoro.it → Programma

www.sinopie.it/new → agenda

www.scoprendoroma.info/eventi
www.openhouseroma.org
www.romaelazioperte.blogspot.com → Visite Guidate

1

Die Krypta und die Cappella Bessarione in der Basilika Santi Apostoli

Die versteckte Kapelle mit den großartigen Fresken

Die barocke Kirche Santi Apostoli wird trotz ihrer Größe und der eindrucksvollen Fassade mit den charakteristischen Arkaden von Rombesuchern häufig nicht wahrgenommen, obwohl es hier Außergewöhnliches zu sehen gibt.

Tritt man hinein, findet man in der Vorhalle, links, eine Stele des bedeutenden klassizistischen Künstlers Antonio Canova. Ein weiteres seiner Werke ist in der Seitenkapelle links vom Altarraum über dem Eingang zur Sakristei zu sehen: das Grabmal von Papst Clemens XIV. (1769–1774), der mit einer wenig demütigen, gebieterischen Geste auf den Besucher hinunterblickt. Die beiden Frauengestalten zu seiner Seite versinnbildlichen Sanftmut *(mansuetudo)* und Bescheidenheit *(modestia)*.

An einem Pfeiler auf der linken Seite vom Eingang aus gesehen befindet sich eine Gedenktafel für den von den Nazis 1941 in Auschwitz ermordeten Franziskanerpater Maximilian Kolbe. Der gebürtige Pole leistete rege Missionsarbeit, ehe er in Auschwitz ums Leben kam, wo er an Stelle eines Mithäftlings in den Hungerbunker ging. 1982 wurde er von Papst Johannes Paul II. heiliggesprochen.

In der ziemlich dunklen, hohen Kirche beeindruckt das großartige Apsisgemälde des Malers Giovanni Odazzi, aus dem uns die verstoßenen Engel schier entgegenzufallen scheinen. Das Altarbild, das das Martyrium der Apostel Jakobus und Philippus darstellt, ist mit ca. 200 m² das größte in Rom.

Piazza dei Santi Apostoli 51

Kirche: tägl. 7–12 u. 16–19 Uhr

Cappella Bessarione: Fr u. Sa 9–12 Uhr

Direkt vor dem Altar führen in zwei Bögen Stufen hinunter zu einer großen, verwinkelten **Krypta**, die um 1870 von Luigi Carimini dem Stil frühchristlicher Gräber nachempfunden wurde, wie wir sie von den Katakomben an der Via Appia kennen. Über den Stufen steht die Mosaikinschrift: *Corpora sanctorum in pace sepulta sunt et vivent nomina eorum in aeternum* (Die Körper der Heiligen sind in Frieden bestattet und ihre Namen werden in Ewigkeit weiterleben). Hier unten werden nämlich Reliquien der beiden Apostel aufbewahrt, deren Sarkophage bei archäologischen Arbeiten wiederentdeckt wurden. Zugleich kamen Reste der frühchristlichen Basilika zum Vorschein, die rechts hinter einem Gitter zu sehen sind. Im neunten Jahrhundert wurden aus den Katakomben die Gebeine weiterer Heiliger hierher gebracht, um sie in Sicherheit zu wissen. Sie befinden sich am anderen Ende der Krypta. Papst Stephan V. (885–891) soll die Reli-

quien barfüßig auf seinen Schultern von den Katakomben hierher getragen haben. Ein verborgenes Juwel ist die **Cappella Bessarione** (Bessarion-Kapelle). Der Eingang befindet sich auf der rechten Seite. Hinter einer kleinen Tür verbirgt sich ein enger Raum, der Rest der ehemaligen Kapelle. Über eine erst vor ein paar Jahren eingebaute Wendeltreppe gelangt man eine Etage höher und hat von einem bequem zugänglichen Steg einen noch besseren Blick auf die sich oben befindenden Fresken.

Diese stammen aus dem 15. Jahrhundert und wurden erst 1959 bei archäologischen Arbeiten am angrenzenden Palazzo Colonna wiederentdeckt. Lange waren sie hinter einer Mauer versteckt, die die Rückwand der Odescalchi-Kapelle aus dem 18. Jahrhundert bildet. Diese befindet sich rechts in der Kirche und wurde vor die ältere Bessarion-Kapelle gebaut, sodass diese quasi „verschwand". Das ist auch der Grund, warum die Kunstwerke relativ unbeschadet erhalten geblieben sind, sie waren schlicht und einfach vergessen worden.

Der Name „Bessarione" geht auf Basilius Bessarion zurück, einen griechischen Gelehrten, der 1403 im heutigen Trabzon an der türkischen Schwarzmeerküste geboren wurde, später eine Zeit lang Kar-

Krypta

dinalpriester in Santi Apostoli war und dessen Grabkapelle wir hier besuchen.

Die Fresken zählen zu den bedeutendsten aus der Renaissance, die in Rom erhalten sind, und sollen das Werk eines gewissen Antoniazzo Romano sein, ein Maler der Frührenaissance, der unter anderem an der Sixtinischen Kapelle mitgearbeitet hat. Vor dem zentralen Bild unten, der Madonna mit dem Jesuskind, befand sich der Altar der Kapelle. Außergewöhnlich und fast schon modern ist der nur noch teilweise erhaltene Engelschor in der Apsis. Die Fresken im oberen Bereich zeigen Szenen, die Erscheinungen des Erzengels Michael thematisieren. Rechts die Prozession, angeführt vom heiligen Oberto (Hubert), gefolgt von den späteren Päpsten Sixtus IV. im roten Gewand und Julius II. (purpur). Das burgartige Gebäude im Hintergrund soll den Mont St. Michel in der Bretagne darstellen. Auf der linken Seite ist das Heiligtum San Michele Arcangelo am Gargano in Apulien abgebildet. Die Worte darunter lassen sich rekonstruieren zu: APPARITIO EIUSDEM IN MONTE GARGANO (seine [Michaels] Erscheinung am Gargano). In dem heutigen berühmten Wallfahrtsort soll 490 einem Hirten der Erzengel erschienen sein.

Cappella Bessarione (Bessarion-Kapelle)

2 Galleria Sciarra

✶✶●

Eine Homage an die Frauen

Wenn man von der → Basilika Santi Apostoli (1) in Richtung Fontana di Trevi (Trevibrunnen) läuft, gelangt man direkt zur Galleria Sciarra. Was von außen eher wie ein schlichter Durchgang wirkt, entpuppt sich von innen als ein großartiges, mit Glas überdachtes Art-Nouveau-Kunstwerk.

In den 1880er Jahren ließ der Fürst Matteo Sciarra diesen Innenhof von Giuseppe Cellini zu Ehren der weiblichen Tugenden gestalten. Reihum sind über den Bildern von Frauen in zeittypischen Gewändern und in der passenden Haltung in Latein die jeweiligen Tugenden zu lesen: FIDELIS (die Treue), MISERICORS (die Mitfühlende), IUSTA (die Gerechte), BENIGNA (die Gütige), DOMINA (die Herrin), AMABILIS (die Liebenswerte), FORTIS (die Starke), HUMILIS (die Ergebene), PRUDENS (die Kluge), PUDICA (die Sittsame), SOBRIA (die Besonnene), PATIENS (die Geduldige). Darunter stellen Szenen das Leben der „idealen" Frau dar.

Die vier Tafeln auf der rechten und linken Seite tragen Zitate von Vergil und Horaz, den beiden Dichtern am Hof von Kaiser Augustus, die im Bezug zu den Bildern darüber stehen.

- *Incipe parve puer risu cognoscere matrem*
  Los, mein Kleiner, erkenne mit Lachen deine Mutter!
  (Vergil, *Ecloge* 4. 60).
- *Non ignara mali succurrere disco*
  Leid kenne ich genug, daher lerne ich Hilfe zu leisten
  (Vergil, *Aeneis* 1. 630).

Via Marco Minghetti 8
(zwischen Via Marco Minghetti und Piazza dell'Oratorio)

- *Dos est magna parentium virtus et metuens alterius viri certo foedere castitas et peccare nefas aut pretium est mori*
  Die wichtigste Mitgift der Eltern ist die Tugend und die Reinheit, die an der Ehe treu festhält und sich vor anderen Männern in Acht nimmt. Ehebruch ist ein Vergehen und der Preis dafür ist der Tod (Horaz, *Oden* 3. 24. 21–24).
- *Vivitur parvo bene cui paternum splendet in mensa tenui salinum nec levis somnos timor aut cupido sordidus aufert*
  Mit Wenigem lebt der gut, bei dem auf einem schlicht gedeckten Tisch das väterliche Salzfass glänzt und wo nicht Furcht oder Habgier den leichten Schlaf nimmt (Horaz, *Oden* 2. 16. 13–16).

3

Oratorio del Santissimo Crocifisso

Ein kleines Wunder

Dieses wunderschöne Oratorium mit der ebenmäßigen Barockfassade liegt bei der → Galleria Sciarra (2), zwischen → Santi Apostoli (1) und Fontana di Trevi (Trevibrunnen). Es wurde Mitte des 16. Jahrhunderts für den Ordo Sanctae Crucis gebaut, die Bruderschaft des Heiligen Kreuzes.

Der Anlass dafür war ein Feuer, das die Kirche San Marcello al Corso zerstörte (1519), bei dem aber ein Kruzifix unversehrt blieb. Dieses wurde später in den Vatikan überführt. Das Altarkreuz hier ist eine Kopie. Das Original kehrte später in die 1597 wiederaufgebaute San Marcello zurück. Die 1526 gegründete Bruderschaft machte sich die Verehrung des Kreuzes zur Aufgabe, das Oratorium wurde ihr Stammsitz.

Bis 1725 wurden hier musikalische Oratorien aufgeführt, unter anderem von bekannten Komponisten wie Girolamo Frescobaldi und Alessandro Scarlatti. Nach dem Tod von Letzterem war damit Schluss. Erst 1951 gab es in dem zwischenzeitlich profanisierten Oratorium als Sitz des Oratorio Musicale Romano wieder Musikaufführungen und seit 1963 ist hier ein Missionsorden ansässig.

Besonders schön sind die Fresken im manieristischen Stil des späten 16. Jahrhunderts, die einen geschlossenen Gesamteindruck vermitteln.

Piazza dell'Oratorio 70

Öffnungszeiten: tägl. 7–12 u. 16.30–19 Uhr

4

Santa Maria dell'Archetto (auch Madonna dell'Archetto)

★ ●

Roms kleinste Kirche

Zwischen → Santi Apostoli (1) und der → Galleria Sciarra (2) befindet sich am Ende eines schmalen Ganges die kleinste Kirche Roms. Sie wurde erst Mitte des 19. Jahrhunderts erbaut. Auftraggeber war der Eigentümer des angrenzenden Palazzo Balestra, der Marchese Muti Papazzurri.

Der Innenraum ist winzig. Es ist gerade mal Platz für ein paar Stühle, keine Kirchenbänke. Aber die Gestaltung ist reichhaltig und harmonisch. Es gibt sogar eine kleine ausgemalte Kuppel. Die Fresken stammen von einem gewissen Constantino Brumidi, der 1805 in Rom geboren wurde und auch die Kuppel des Kapitols in Washington mit einer Apotheose (Vergöttlichung) George Washingtons schmückte. Das Altarbild stammt aus dem 17. Jahrhundert. Einer Legende zufolge soll die dargestellte Madonna 1796, als die Franzosen einmarschierten, die Augen bewegt und geweint haben.

Via di San Marcello 41/1 B
tägl. 18–19.30 Uhr.
Sonntags findet um 19 Uhr eine Messe statt.

5

Città dell'Acqua in der Nähe der Fontana di Trevi (Trevibrunnen)

✶ ●

Hier sprudelt es seit 2000 Jahren

Direkt hinter der Kirche gegenüber vom Trevibrunnen führt links eine schmale Gasse zum Eingang der Città dell'Acqua. Unter dem Centro Sperimentale di Cinematografia (Experimentelles Zentrum für Kinematographie), in neun Metern Tiefe, kann man auf einer Fläche von ca. 350 m^2 unter anderem Reste eines eindrucksvollen Baus aus der Kaiserzeit besichtigen.

Bei dem nördlich gelegenen Teil handelt es sich um ein Wohnhaus (*insula*) aus dem ersten Jahrhundert, das, so haben es die Archäologen herausgefunden, Ende des zweiten Jahrhunderts umgebaut und Anfang des fünften Jahrhunderts ein edles privates Wohnhaus wurde, bis es dem Vandalensturm (455) zum Opfer fiel. (Der Begriff lässt Schlimmeres vermuten, als tatsächlich geschah: Die Vandalen waren ein germanischer Stamm, der im Zuge der Völkerwanderung bis nach Italien und Nordafrika gelangte. Der Begriff Vandalismus geht auf sie zurück.)

Ausgrabungen brachten Tausende von Scherben und einen großen Münzfund zutage.

Auch der südliche Teil stammt ursprünglich aus der Zeit Kaiser Neros (ca. 60 n. Chr.) und erfuhr ebenfalls im zweiten Jahrhundert umfangreiche Umbaumaßnahmen. Die Wasserbassins auf dieser Seite hatten ein Volumen von 150.000 Liter und wurden aus der Aqua Vergine gespeist, die auch heute noch das Wasser für den Trevibrunnen liefert – von ihm stammt auch das Wasser, das hier unten plätschert.

Vicolo del Puttarello 25
Di–Fr 11–17.30, Sa u. So 11–19 Uhr

Über den römischen Gebäuden wurden Reste eines umfangreichen mittelalterlichen Baus (13. Jh.) gefunden, der unter dem heutigen Straßenniveau liegt.

In dem Komplex befindet sich auch das kleine Museum Antiquarium, in dem in Vitrinen Funde ausgestellt werden, die bei den Ausgrabungen gemacht wurden.

6

Santa Maria in Via (auch Madonna del Pozzo)

★ ●

Der Wunderbrunnen

Obwohl zentral im Einkaufviertel unweit vom Trevibrunnen gelegen, wird diese Kirche wenig beachtet und obendrein meist mit der nur rund 200 Meter entfernten Kirche Santa Maria in Via Lata verwechselt.

An dieser Stelle stand wohl schon im zehnten Jahrhundert eine kleine Kirche, doch gibt es wenig verwertbare Quellen, die Näheres belegen könnten. Der Name *in Via* bezieht sich möglicherweise auf die in der Nähe verlaufende altrömische Via Flaminia.

Die heutige Kirche stammt aus der Zeit um 1500, die Fassade wurde rund hundert Jahre später begonnen, aber erst 1681 fertiggestellt. Die barocke Ausstattung kam erst nach 1700 dazu. Seit 1513 ist die Kirche im Besitz des Servitenordens (Ordo Servorum Mariae, kurz

Via del Mortaro 24 (Largo Chigi)
tägl. 7.30–19.30 Uhr

OSM), der 1233 von sieben Florentiner Kaufleuten gegründet wurde. Im Vordergrund steht die Marienverehrung, darüber hinaus betreibt der Orden eine eigene Hochschule, die Päpstliche Theologische Fakultät Marianum am Gianicolo.

Es gibt in Rom bekanntlich viele barocke Kirchen und Santa Maria in Via zählte nicht zu den herausragenden, gäbe es da nicht eine wenig bekannte Besonderheit. Im 13. Jahrhundert hatte hier ein gewisser Kardinal Capocci seinen Palast; im angrenzenden Pferdestall befand sich ein Brunnen (ital. *pozzo*). Einer Legende zufolge soll am 26. September 1256 in der Nacht das Wasser des Brunnens gewaltig angestiegen sein und den Stall überflutet haben. Auf wundersame Weise sei eine Terracotta-Tafel mit einem Bild Marias im Wasser geschwommen, die der Kardinal daraufhin barg. Als Papst Alexander IV. wenig später davon in Kenntnis gesetzt wurde, erklärte er den Vorfall als Wunder und ließ über dem Brunnen eine Kapelle errichten.

Wenn man die Kirche betritt, befindet sich diese Kapelle mit dem in Marmor und Alabaster gerahmten Marienbild gleich auf der rechten Seite. Ein Gemälde zeigt, wie Kardinal Capocci das Bild aus dem Wasser birgt. An einem Wasserhahn kann man bereitstehende Becher mit Wasser füllen und es trinken. Es soll, so heißt es, schon zahlreiche Wunder bewirkt haben.

7

Unterirdische Räume unter San Lorenzo in Lucina

★★■

Das alte Rom ist immer ein Stockwerk weiter unten

San Lorenzo in Lucina ist eine sehr alte und interessante Kirche. Schon Mitte des vierten Jahrhunderts gab es an ihrer Stelle einen *titulus lucinae* (Titelkirche), eine der frühchristlichen Hauskirchen, über die San Lorenzo in Lucina errichtet wurde. Die Kirche wurde im Lauf der Jahrhunderte immer wieder verändert und umgebaut, bis sie Mitte des 17. Jahrhunderts ihr heutiges Aussehen erhielt.

Das Äußere wird durch eine Portikus charakterisiert, wie sie für mittelalterliche Kirchen typisch ist. Hier sind einige Inschriften angebracht, die bei den Ausgrabungen unter der Kirche entdeckt wurden. Im barocken Inneren befinden sich eine schöne Kassettendecke und diverse Seitenkapellen. Die vierte auf der rechten Seite wurde von dem bedeutenden Bildhauer und Architekten Gian Lorenzo Bernini entworfen und auch die großartige Büste des Arztes Gabriele Fonseca, der sich richtiggehend aus der Grabtafel herauslehnt, ist sein Werk. An dem zweiten Pfeiler auf der rechten Seite befindet sich das Grab des 1665 in Rom verstorbenen Malers Nicolas Poussin. Wenn man genau hinsieht, erkennt man auf dem Relief die lateinische Inschrift ET IN ARCADIA EGO (Auch ich bin/

Via in Lucina 16 A
Kirche tägl. 8–20 Uhr;
Die *sotterranei* sind nicht öffentlich zugänglich.
An jedem 1. Samstag im Monat
wird um 16.15 Uhr eine Führung angeboten.
Zu anderen Zeiten kann man in der Sakristei einen Priester bitten,
die Tür zu öffnen und das Licht einzuschalten.

F·A·DE·CHATEAUBRIAND
A
NICOLAS·POUSSIN
POUR LA GLOIRE DES ARTS
ET LHONNEUR DE LA FRANCE
NICOLAS POUSSIN
NE AUX ANDELYS EN MDLXXXXIV
MORT A ROME EN MDCLXV
ET INHUME EN CETTE EGLISE

8

Gislenis Grabmal in Santa Maria del Popolo

Der Tod hinter Gittern

Piazza del Popolo

Mo–Sa 7–12 u. 16–19; So 8–13.30 u. 16.30–19.30 Uhr

Santa Maria del Popolo gehört zum Pflichtprogramm aller Rombesucher. Dennoch übersehen viele das Grabmal von Giovanni Battista Gisleni (1600–1672), gleich links, wenn man die Kirche durch den Haupteingang betritt.

Gisleni war Architekt und Römer. Einen großen Teil seines aktiven Berufslebens verbrachte er jedoch in Polen. Insgesamt 36 Jahre war er im Dienst der polnischen Könige. Kurz vor seinem Tod gestaltete er sein makaberes und bizarres Grabmal, ein mit einem ebenfalls aus Stein gearbeiteten Tuch bekleidetes Skelett aus gelbem Marmor, das die Hände vor der Brust kreuzt und hinter einem Gitter quasi eingesperrt ist.

Um dieses Grabmal rankt sich eine Legende. Mitglieder der Bruderschaft Arciconfraternita della Buona Morte (→ Santa Maria dell'Orazione e Morte, 26), die es sich zur Aufgabe gemacht hatte, Leichen, die auf der Straße lagen oder im Tiber trieben, aufzusammeln und ihnen ein ordentliches christliches Begräbnis zuteil werden zu lassen, fanden auch hier eine Leiche, für die sich niemand zuständig fühlte. Ihren Statuten folgend, sollten sie sie in die nächstgelegene Kirche bringen, doch es war bereits spät und Santa Maria del Popolo geschlossen. Die dort lebenden Mönche schliefen tief und fest, also brachen die Brüder die Tür der Kirche auf und legten die Leiche ab. Als die Mönche sie später fanden, beklagten sie sich beim Papst über diese Ungeheuerlichkeit. Allerdings konnten sie die Schuldigen nicht ausmachen und so traf es die Leiche: Sie wurde eingesperrt. Im Volksmund heißt dieses Grabmal darum *la morte in prigione*, der Tod im Gefängnis.

Über dem Gitter steht geschrieben: NEQVE HIC VIVVS (weder hier lebendig), darunter: NEQVE ILLIC MORTVVS (noch dort tot). Direkt über dem Skelett befindet sich das Wappen der Adelsfamilie Chigi, links daneben steht in einem Kreis NIDVLO MEO MORIAM (in meinem kleinen Nest werde ich sterben) und rechts VT PHOENIX MVLTIPLICABO DIES (wie ein Phönix werde ich die Tage multiplizieren).

9

Sant'Andrea delle Fratte

✶✶✶ ●

(Turm und Putridarium ▲)

Was ist ein „Putridarium"?

Diese viel zu wenig beachtete Kirche liegt in etwa zwischen der Scalinata di Trinità dei Monti (Spanische Treppe) und der Fontana di Trevi (Trevibrunnen). Der Name *Fratte* kommt daher, dass die ursprüngliche Kirche, die hier um 1200 erbaut wurde, noch an unbebautes Gebiet grenzte, in dem es viel Gestrüpp *(fratta)* gab.

Die heutige Kirche stammt aus dem 17. Jahrhundert und wurde im Auftrag eines gewissen Marchese Paolo del Bufalo gebaut, über den nicht viel bekannt ist. An den zahlreichen konvexen und konkaven Linienführungen erkennt man sofort die Handschrift des bedeutenden Schweizer Architekten Francesco Borrominis. Ungewöhnlich ist die schlichte Backsteinfassade. Man hat nicht etwa aus Bescheidenheit auf die sonst übliche Marmor- oder Travertinverkleidung verzichtet, nein, hier ist wie auch bei → Santa Maria dei Sette dolori (72) im Trastevere das Geld ausgegangen und man beließ es so. Nur der Glockenturm hat eine Marmorverkleidung und wird von einem kleinen Säulentempel gekrönt, einem Monopteros.

Besonders bemerkenswert ist das reich geschmückte Innere. Neben vielen anderen Kunstwerken verdienen die beiden großen Engel von Bernini, die eigentlich für die Engelsbrücke bei der Engelsburg vorgesehen waren, besonderes Interesse. Sie befinden sich unter der Kuppel, rechts der Engel mit dem Kreuzestitel (INRI = *Iesus Nazarenus Rex Iudaeorum*) und links der Engel mit der Dornenkrone. Papst Clemens X. soll sie für zu wertvoll erachtet haben, sodass auf der Brücke nur Kopien aufgestellt wurden. Neben der Kapelle der heiligen Anna se-

Via di Sant'Andrea delle Fratte 1
Juli–Sept 6.30–12.30 u. 16–20 Uhr;
Okt–Juni 6.15–13 u. 16.30–19 Uhr

hen wir eine Statue der sterbenden Heiligen (um 1750), eine mittelmäßige Kopie von Berninis *Ludovica Albertoni*, die in → San Francesco a Ripa (63) im Trastevere zu finden ist. Gegenüber, auf der rechten Seite, befindet sich die Kapelle des San Francesco di Paola.

Domenico Bartolinis Madonna in der dritten Seitenkapelle auf der linken Seite erinnert an die Stelle, an der am 20. Januar 1842 Alphonse Ratisbonne, einem Juden aus Straßburg, Maria erschienen sein soll. Daraufhin bekehrte er sich zum Christentum und gründete später den Orden Notre Dame de Sion, der es sich zu Aufgabe machte, Juden vom Katholizismus zu überzeugen.

Putridarium

Am linken Seitenausgang ist eine schlichte Grabplatte angebracht, die an die Malerin Angelika Kauffmann erinnert. Sie wurde 1741 geboren und war mit Goethe bekannt. Die klassizistische Malerin fertigte zahlreiche Porträts an und gehörte zu den wenigen Frauen, die sich in einer damals noch von Männern dominierten Branche durchsetzten. 1807 verstarb die Künstlerin in Rom und wurde hier begraben.

Eine versteckte Besonderheit ist das Putridarium, eine Art Begräbnisstätte, das aber nur sehr selten zugänglich ist. Hinter dem Hauptaltar befindet sich eine Öffnung im Boden (ca. 80 x 40 cm). Durch diese führen Stufen nach unten und man gelangt in einen kleinen Raum, in dem, ähnlich einem Chorgestühl, gemauerte Sitze an den Wänden angebracht sind. Auf diese wurden die verstorbenen Mönche des Ordens der Minimi di Francesco de Paola, kurz der Paulaner, deren Pfarr- und Ordenskirche Sant'Andrea ist, gesetzt und festgebunden und dort quasi mumifiziert. Der Ort verströmt eine eigenartige Aura. Es ist das einzige bekannte Putridarium in Rom. In Süditalien sind noch einige erhalten geblieben, zum Beispiel im Castel Aragonese auf Ischia.

Auch der Kampanile (Glockenturm) von Borromini ist, allein schon wegen der Enge, nicht öffentlich zugänglich. Vom Zugang auf der linken Seite des Altars führt eine äußerst schmale Wendeltreppe links herum über 100 Stufen nach oben, bis man über der Apsis und unter dem Dach der Kirche steht. Über eine weitere, sehr steile hölzerne Treppe gelangt man bis zu den Glocken. Von hier oben hat man einen schönen Blick zur Kuppel des Petersdoms und zum Vittoriano an der Piazza Venezia. Früher schwankte der nicht gemauerte, sondern gefugte Kampanile gezielt im Einklang mit dem Schwingen der Glocken. Heute werden die alten Glocken nicht mehr geläutet. In der von Taubenmist bedeckten Brüstung im Monopteros (ein meist kleiner, tempelartiger Rundbau) ist heute eine elektronische Glocke angebracht, die hier oben unbeabsichtigt auch Radiowellen empfängt. Kurioserweise ist es ausgerechnet der Sender Radio Vatikan, der hier leise erklingt.

Der rechte Seitenausgang führt zu einem schönen baumbestandenen Renaissance-Kreuzgang mit sehr gut erhaltenen Lunetten, von dem man die Kirche von der anderen Seite sehen kann.

→ Stichwort: Sankt Andreas

Andreas war der Bruder des Petrus und gehörte zum Kreis der Apostel. Er war der erste Jünger Jesu und soll der Legende nach in Griechenland und am Schwarzen Meer missioniert und Wunder gewirkt haben. In Patras heilte er die Frau des römischen Statthalters Ägeas und riet zu sexueller Enthaltsamkeit, was bei ihrem Mann verständlicherweise nicht gut ankam. Er ließ Andreas foltern und an ein X-förmiges Kreuz binden, das Andreaskreuz, bis dieser starb. Teile der Gebeine des Heiligen wurden 1208 aus der Apostelkirche in Konstantinopel/Istanbul entwendet und werden im Dom Sant'Andrea in Amalfi verwahrt.

Der heilige Andreas ist unter anderem Patron von Russland, Schottland (vgl. das *Andrew's Cross* der blauweißen schottischen Flagge), Spanien, Griechenland, Sizilien, Amalfi usw. Er beschützt zum Beispiel Fischer und Fischhändler, das Eheglück und hilft bei Halsschmerzen.

Gedenktag ist der 30. November.

Bauernregel: Hält St. Andrä den Schnee zurück, so schenkt er reiches Saatenglück.

→ Stichwort: Bernini und Borromini

Giovanni Lorenzo Bernini (geb. 1598 in Neapel, † 1680 in Rom) und Francesco Borromini (geb. 1599 in Lugano/Tessin, † 1667 in Rom) haben das barocke Rom geprägt und somit auch dem heutigen Stadtbild eines seiner vielen Gesichter gegeben. Im Auftrag von Päpsten und Kardinälen ihrer Zeit schufen die beiden zahlreiche Kirchen, Brunnen und Grabmäler. Sie standen fortwährend in Konkurrenz zueinander, und auch, wenn sie gemeinsam an einem Projekt arbeiteten, versuchten sie immer, sich gegenseitig eins auszuwischen.

Zu Berninis Werken zählen unter anderem der Petersplatz mit seinen mächtigen Säulen, der Bronzebaldachin in der Peterskirche, der Vierströmebrunnen auf der Piazza Navona und viele großartige Statuen, die zum Teil in der Villa Borghese, aber auch in einigen Kirchen zu sehen sind (z. B. *Die Verzückung der heiligen Theresa* (12) und die noch lustvollere *Verzückung der Ludovica* (63)).

Zu Borrominis Werken zählen unter anderem die Kirchen Sant'Agnese in Agone an der Piazza Navona, San Carlo alle Quattro Fontane, San Carlino genannt, auf dem Quirinal und Sant'Ivo. Markant an Borrominis Baustil ist seine konsequente Vermeidung gerader Linien und seine Verspieltheit.

10

Sant'Isidoro

★ ■

Berninis enthüllte Nackte

Via degli Artisti 41, bei Via Veneto

Entweder man bittet, wie unten beschrieben, persönlich um Einlass oder man vereinbart einen Termin unter Tel: +39 64885359 (10–18 Uhr).

Sant'Isidoro ist eine wenig bekannte Kirche, die nicht öffentlich zugänglich ist. Dennoch kann man an der Pforte läuten und den Kustoden oder, wenn gerade einer der hier lebenden irischen Franziskanermönche zum Tor hinaus- oder hineingeht, diesen um Einlass bitten. Hinter dem großen schmiedeeisernen Tor liegt ein schöner Garten, hinter dem man bereits die barocke Fassade der Kirche sehen kann.

Der Grund, warum ein Besuch dieser Kirche lohnt, ist vor allem die von Ber-

nini entworfene Capella da Sylva (die Kapelle einer portugiesischen Familie) – auf der rechten Seite, wenn man zum Altar blickt.

Während Restaurierungsarbeiten (2002) kam ein Fall von Zensur zutage, die an den Kunstwerken begangen wurde: Im Jahre 1860 waren die nackten Damen (Caritas, die, die sich an den Busen fasst, und der Friede, links hinter dem Relief) den Priestern zu freizügig und wurden daher mit einem Bronzegewand bekleidet.

Diese Entdeckung war sogar im fernen Indien eine Zeitungsmeldung wert. So schrieb *The Tribune* in Chandigarh (Rajasthan):

'CENSORED' BERNINI BEAUTIES RESTORED ROME: Restoration works in a Roman church have revealed two bare-breasted beauties designed by Bernini, but hidden behind bronze "corsets" for more than 100 years, officials have said. The figures, representing truth and charity, were designed by Gian Lorenzo Bernini and sculpted with his assistants for the Baroque church of Sant'Isidoro, but later censored by religious leaders. These were covered with bronze "corsets" in 1863.

October 24, 2002, Chandigarh, India

(Mehr Informationen finden Sie unter www.stisidoresrome.com.)

→ **Stichwort: Sant'Isidoro**
Sant'Isidoro ist ein weniger bekannter Heiliger. Der Namenspatron dieser Kirche stammt aus Madrid und lebte um das Jahr 1100. Sein Gedenktag ist der 15. Mai (1130) – sein Todestag. Er war ein frommer Mann, der als Knecht auf einem Gutshof arbeitete, und soll verschiedene Wunder gewirkt haben. Als sein Sohn eines Tages in einen Brunnen gefallen war, ließ er beispielsweise durch Gebete das Wasser ansteigen und konnte ihn so retten. 1622 wurde er heiliggesprochen (zusammen mit Ignatius von Loyola).

Er ist Stadtpatron von Madrid und zuständig für die Bauern und für Regen und gegen Dürre.

11

Kreuzgang und Convent von Santissima Trinità dei Monti

*** ■

Wasser, Wein und neue Blickwinkel

Die Kulisse mit der Spanischen Treppe und der Kirche Santissima Trinità dei Monti zählt zu den bekanntesten von ganz Rom. Die Spanische Treppe ist einer der Treffpunkte der Stadt, aber deutlich weniger Besucher werfen auch einen Blick in die Kirche hinein. Der Kreuzgang und alles, was sich sonst noch dahinter verbirgt, ist nahezu unbekannt. Zutritt gibt es nur nach vorheriger Anmeldung.

Nimmt man diese lohnenswerte Hürde auf sich, gelangt man in den reich geschmückten Kreuzgang. In den 38 Lunetten wird die Geschichte des heiligen Francesco di Paola (1416–1507) erzählt, dem Gründer des Paulanerordens. Auf der gegenüberliegenden Seite befinden sich die Porträts aller französischen Könige, auch die recht wenig christlicher wie Ludwig XIV. Darunter sind die Regierungszeit sowie das Sterbedatum vermerkt.

Piazza della Trinità dei Monti
Eingang: Von der Spanischen Treppe aus links von der Kirche.
nach vorheriger Anmeldung mit Führung.
Informationen erhalten Sie unter
secretariat.tdm@emmanuelco.org.
Es finden regelmäßig Führungen statt,
zurzeit am 2. u. 4. Mittwoch im Monat um 17 u. 18.30 Uhr u. Sa 11–12.30 Uhr.
Treffpunkt ist an der Klosterpforte.
Die offizielle Seite der Stadt Rom hat auch in Englisch
zu fast allen Orten aktuelle Hinweise auf Führungen und
kurze allgemeine Informationen:
www.060608.it/en (Convento di Trinità de' Monti).

Im oberen Stockwerk findet man eine kleine Kapelle mit zahlreichen Votivtafeln, die der Gründerin des Konvents gewidmet ist.

Zu den absoluten Höhepunkten des Besuchs zählen aber die beiden Anamorphosen (das sind Bilder, die nur aus einem bestimmen Blickwinkel erkennbar sind). Eine zeigt Francesco kniend beim Gebet – geht man aber ein paar Schritte weiter, verschwimmt dieses Bild und es erscheint eine kalabresische Landschaft, die Heimat des Heiligen. Von der anderen Seite betrachtet, ist erneut der Heilige zu sehen. Die andere Anamorphose stellt den Evangelisten Johannes beim Verfassen der Offenbarung (Apokalypse) dar und – wenn man direkt draufsieht – die griechische Insel Patmos, wo er eine Christusvision erlebt haben soll.

Anamorphose

In dem Flügel zwischen diesen beiden sensationellen Fresken befinden sich die – für den Laien kaum entschlüsselbaren – Linien des Astrolabiums von Emmanuel Maignan (1637) an Wänden und Decke. Über einen Spiegel am Fenster zum Innenhof wird das Sonnenlicht, je nach Sonnenstand, darauf projiziert. Mit diesem überaus komplizierten Instrumentarium lassen sich Datum, Sonnenstände, Uhrzeit und vieles mehr ablesen.

Wieder im Erdgeschoss gelangt man zu dem grandiosen Refektorium, dem ehemaligen Speisesaal des Klosters, das von Andrea Pozzo gestaltet wurde (von ihm stammen auch das großartige Deckengemälde und die Scheinkuppel in Sant'Ignazio). Thema ist die Hochzeit von Kana. Auf der dem Eingang gegenüberliegenden Seite sitzen Jesus und Maria, ein großer Krug wird gereicht, in dem das Wasser zu Wein verwandelt wird.

(Und da es an Wein gebrach, spricht die Mutter Jesu zu ihm: Sie haben nicht Wein. Seine Mutter spricht zu den Dienern: Was er euch sagt, das tut. Es waren aber allda sechs steinerne Wasserkrüge gesetzt nach der Weise der jüdischen Reinigung und ging in je einen zwei oder drei Maß. Jesus spricht zu ihnen: Füllet die Wasserkrüge mit Wasser! Und sie füllten sie bis obenan. Und er spricht zu ihnen: Schöpfet nun und bringet's dem Speisemeister! Und sie brachten's. Als aber der Speisemeister kostete den Wein, der Wasser gewesen war, und wusste nicht, woher er kam – die Diener aber wussten's, die das Wasser geschöpft hatten –, ruft der Speisemeister den Bräutigam und spricht zu ihm: Jedermann gibt zum ersten guten Wein, und wenn sie trunken geworden sind, alsdann den geringeren; du hast den guten Wein bisher behalten. Das ist das erste Zeichen, das Jesus tat, geschehen zu Kana in Galiläa, und offenbarte seine Herrlichkeit. Und seine Jünger glaubten an ihn. Johannes 2, 3–11; www.bibel-online.net)

Die verschieden Szenen wirken beinahe dreidimensional und sind von einer ungeheuren Lebendigkeit. Der Saal ist ein Gesamtkunstwerk.

Das Refektorium des Klosters

12

Die Sakristei von Santa Maria della Vittoria

★ ●

Schnäpse und Wimmelbilder

Von außen sieht die Kirche aus wie die meisten römischen Barockkirchen, aber wenn man hineingeht, haut es einen förmlich um. Keine Kirche in Rom ist derart überladen mit Schmuck, Bildern, Stuck, Gold und allgemeiner Pracht. Die Ausstattung würde für mehrere Kirchen reichen. Die zahlreichen Besucher kommen natürlich alle wegen Berninis sensationeller *Verzückung der heiligen Theresa* (1646) in der Seitenkapelle vorne links. Die Szene zeigt den Moment der Ekstase der spanischen Nationalheiligen, als sie ein Engel mit dem Pfeil göttlicher Liebe durchbohrt. Sicher gibt es kaum eine weitere so offensichtlich sexuelle Darstellung in einer Kirche (außer Berninis *Ludovica* in → San Francesco a Ripa (63) im Trastevere).

Zu bieten aber hat die Kirche noch einiges mehr. Warum heißt sie beispielsweise *della Vittoria*? Um welchen Sieg geht es bei dem Namen? Die Antwort dazu erhält man in der Sakristei, zu der – gegenüber der *Theresa* – ein schmaler Gang führt. Dort sitzt ein Padre, der stets auf alles aufpasst und zudem Liköre und hochprozentige Elixire aus der Produktion der Karmeliter (Mitglied eines Ordens, der im zwölften Jahrhundert am Karmelberg, Israel, gegründet wurde) verkauft.

In der Sakristei hängen vier riesige Gemälde, richtige „Wimmelbilder", auf denen wildes Schlachtgetümmel zu sehen ist. Dargestellt sind Szenen der Schlacht am Weißen Berg (tschechisch *Bílá hora*) bei Prag am 8. November 1620. Es war

---

Via XX (Venti) Settembre 17
tägl. 8.30–12 u. 15.30–18 Uhr
Weitere Informationen finden Sie unter
http://www.chiesasantamariavittoriaroma.it/.

die erste große militärische Auseinandersetzung im Dreißigjährigen Krieg. Die Truppen der böhmischen Stände unter König Friedrich V. von der Pfalz und seinem Heerführer Christian I. von Anhalt unterlagen dem Heer der kaiserlichen Katholischen Liga unter Buquoy und Tilly. Nach der Niederlage musste Friedrich V., der so genannte Winterkönig, aus Böhmen fliehen. Kaiser Ferdinand II. folgte ihm als König von Böhmen nach.

Auf dem ersten Bild sieht man das böhmische Heer auf einem Bergrücken, dem „Weißen Berg". Dennoch gelang es den katholischen Truppen, die Anhöhe zu stürmen. Einer Legende nach brachte ein Karmeliter namens Dominicus a Jesu Maria ein Bildnis der Heiligen Familie in das Katholische Heerlager, auf dem Josef und Maria von den Protestanten die Augen ausgestochen worden waren. Dort entschloss man sich wutentbrannt zu einem Angriff und überrumpelte das böhmische Heer, das in Panik geriet und flüchtete. 1622 kam das Bild in diese Kirche. Die ursprünglich Paulus geweihte Kirche erhielt daraufhin ihren jetzigen Namen. Die Folgen dieser Schlacht waren weitreichend. Österreich und Böhmen wurden wieder katholisch und die Herrschaftsform des Absolutismus setzte sich durch. Viele böhmische Protestanten flohen nach Deutschland.

13

Räume des heiligen Stanislaus Kostka in Sant'Andrea al Quirinale

★ ★ ●

Wer ist Stanislaus Kostka?

Via del Quirinale 29

Di–So 9–12 u. 16–19 Uhr

Natürlich ist diese Bernini-Kirche sehr bekannt, daher soll auch nicht weiter auf sie eingegangen werden. Allerdings birgt sie ein kleines Geheimnis, von dem die wenigsten ihrer zahlreichen Besucher wissen. Es handelt sich dabei um die Räume des heiligen Stanislaus Kostka.

Hinten rechts führt ein Gang zu einem kleinen Laden, in dem Postkarten und andere Souvenirs angeboten werden. Und dort gelangt man auch zu der prächtigen Sakristei.

Gegen ein geringes Eintrittsgeld darf man die Stufen in den ersten Stock hinaufsteigen und betritt die reich geschmückten Räume mit Reliquien des polnischen Heiligen. Eine Statue aus mehrfarbigem Marmor des französischen Bildhauers Pierre Legros (ca. 1700) stellt den im Sterben liegenden Kostka in Lebensgröße dar. Im Vorraum sind – leider etwas lieblos präsentiert – Szenen aus dem Leben des jungen Heiligen zu sehen, die von Andrea Pozzo mit Tempera angefertigt wurden. Von ihm stammt auch das großartige Deckengemälde in Sant'Ignazio.

In der Kirche, in der ersten Seitenkapelle auf der linken Seite, befindet sich die Urne Kostkas.

→ **Stichwort: heiliger Stanislaus Kostka**
Stanislaus Kostka (1550–1568) stammte aus einer polnischen Adelsfamilie und wurde mit 17 Jahren Novize bei den Jesuiten. Seine Herkunft verhinderte jedoch eine vollständige Aufnahme in den Orden, da man Schwierigkeiten mit seiner recht einflussreichen Familie fürchtete. So floh er aus Polen und gelangte nach Dillingen an der Donau. Dort, im Jesuitenkolleg, das heute die bayerische Akademie für Lehrerfortbildung und Personalführung beherbergt, hielt er sich eine Zeit lang auf, bevor er seinen Weg nach Rom fortsetzte. Knapp ein Jahr später starb er im Alter von nur fast 18 Jahren an Fieber. 1605 (anderen Angaben zufolge erst 1670) wurde er seliggesprochen, 1726 folgte die Heiligsprechung.

Am Eingang zu den → Stanze di Sant'Ignazio (32) befindet sich auf der rechten Seite ein großes Porträt Kostkas, auf dem er ein Riesenbaby im Arm hält – vermutlich auf eine Fehleinschätzung des Malers zurückzuführen, ein durchaus kurioser Anblick.

Gedenktag ist der 15. August. Kostka genießt in seiner Heimat Polen große Verehrung, er steht jungen Studierenden und Sterbenden bei. Außerdem hilft er unter anderem bei Fieber, Augenleiden und Knochenbrüchen.

14

Insula Romana (Römisches Wohnhaus) zwischen Ara Coeli und Vittoriano

★ ★ ■

Eng lebte es sich im alten Rom

Wenn man vom Vittoriano zum Capitolium (Kapitol) geht, kommt man kurz vor der steilen Treppe, die zu Santa Maria in Ara Coeli hinaufführt, an dem einzigen noch halbwegs erhaltenen Rest eines römischen Mietshauses vorbei. Laut einer Bestandsaufnahme aus dem vierten Jahrhundert nach Christus gab es damals über 46.000 dieser bis zu acht Stockwerke hohen Mietskasernen (Vorläufer der gesichtslosen Plattenbausiedlungen am Stadtrand des heutigen Rom). Ferner gab es fast 2000 Villen, ca. 350 Tempel, an die 900 Bäder, 28 Bibliotheken und zwölf öffentliche Latrinen.

Diese *insula*, wie die Wohnblöcke im alten Rom genannt wurden, stammt aus dem zweiten Jahrhundert und war sicher noch lange nicht der schlechteste Wohnstandard, den es damals gab, denn dieses Gebäude liegt immerhin beim Kapitol, also mitten im Herzen des alten Rom.

Piazza dell'Oratorio 70

Kirche: tägl. 7–12 u. 16–19 Uhr

Die Insula ist normalerweise verschlossen, es finden aber regelmäßig Führungen statt, zu denen man sich anmelden kann (→ Liste der Organisationen in der Gebrauchsanleitung). Wenn man allein oder zu zweit ist, kann man auch direkt zum Treffpunkt kommen. In der Regel ist es kein Problem, sich dann auch spontan einer Führung anzuschließen.

Die offizielle Seite der Stadt Rom hat auch in Englisch zu fast allen Orten aktuelle Hinweise auf Führungen und kurze allgemeine Informationen www.060608.it/en (Insula dell'Ara Coeli).

Schaut man die Straße hinunter, erkennt man einmal mehr, um wie viel tiefer das antike Straßenniveau liegt.

Diese *Insula* beherbergte im Erdgeschoss die üblichen Läden (*tabernae*), darüber befanden sich die Stockwerke mit den Wohnungen. Heute sind noch drei erhalten, zum vierten hinauf gibt es nur noch Stufen. Man kann aber davon ausgehen, dass die *Insula* sicher einst fünf, sechs oder sieben Stockwerke hoch war. Man wohnte engstens zusammengedrängt, vielfach lebte eine Familie in einem winzigen Einzimmer-„Apartment". So lässt es sich erklären, dass Experten bei dieser *insula* eine Bewohnerzahl von über 350 (!) Menschen schätzten.

Der kleine *campanile* (Glockenturm) wurde im Mittelalter hinzugefügt, denn hier befand sich eine Zeit lang eine kleine Kirche namens San Biagio del Mercato. Tatsächlich gab es hier bis zum 15. Jahrhundert einen Markt *(mercato)*. Im 17. Jahrhundert wurde erneut eine Kirche errichtet (Santa Rita da Cascia), die aber beim Bau des Vittoriano wieder entfernt wurde. Dabei kam auch die *insula* wieder zum Vorschein.

Man betritt sie durch die Tür, die sich links unter dem Kampanile befindet. Die Räume sind schlicht und schmucklos, die erhaltenen Böden aus einfachen, aber stabilen Ziegeln im Fischgrätenmuster. Von einem längeren Gang im Inneren geht es auf beiden Seiten zu den kleinen Wohnungen. Von einer Terrasse aus überblickt man den Platz neben dem Vittoriano mit San Marco im Hintergrund. Es lohnt sich auf jeden Fall, die *Insula* zu besichtigen. So bekommt man einen guten Eindruck, wie das einfache Volk damals in der Großstadt lebte.

15

Krippenmuseum in der Kirche Santi Quirico e Giulitta

Maria, Josef und das Jesuskind …

Unter der Kirche Santi Quirico e Giulitta befindet sich ein bezauberndes Krippenmuseum, das Museo tipologico internazionale del presepio Angelo Stefanucci. Es wurde 1967 gegründet. In Vitrinen werden Krippen aus verschiedenen Epochen und aus aller Welt gezeigt. In mühevoller Kleinarbeit hat der Verein, der sich um die Ausstellung kümmert, über 3000 einzelne Stücke zusammengetragen. Da gibt es winzig kleine Kunstwerke in Nussschalen, neapolitanische Krippen mit den typischen volkstümlichen Straßenszenen, Krippen aus Lateinamerika, afrikanische, in denen die Figuren schwarz sind, und solche aus China,

Via Tor dei Conti 31 A

Museum: Mi u. Sa 17–19 Uhr (Juli u. Aug. geschlossen)
Am besten ist es, wenn man gleich um 17 Uhr da ist.
Der Eintritt ist frei, aber eine Spende sollte schon drin sein.
Nähere Informationen finden Sie unter www.museopresepioroma.it/dove-siamo

deren Figuren asiatisch aussehen. Zum Museum gehört auch eine umfangreiche Bibliothek, die sich dem Thema widmet.

Im Inneren des Museums führen einige Stufen noch tiefer nach unten. Hier sind einige Reste und Fresken einer frühchristlichen Kirche erhalten, die den Märtyrern Stephanus und Laurentius geweiht war. Es folgten zahlreiche Umbauten und Veränderungen. 1320 wurden Quiricus (auch Cyriacus) und Giulitta erstmals als Kirchenpatrone erwähnt. Die Gebeine des heiligen Quiricus wurden eine Zeit lang hier aufbewahrt und später nach Santa Maria in Via Lata gebracht, wo sie sich bis heute befinden.

Die heutige Kirche stammt in ihrer Form weitgehend aus dem 18. Jahrhundert, nachdem sie wenige Jahrzehnte zuvor durch ein Feuer zerstört worden war. In dem ehemaligen Konvent befindet sich das heutige Hotel Forum mit einer wundervollen Dachterrasse.

→ Stichwort: die Heiligen Quiricus und Giulitta

Giulitta war die Mutter von Quiricus. Beide lebten als Christen zur Zeit von Kaiser Diokletian in Iconium (Konya), in der heutigen Türkei. Auf der Flucht vor Verfolgern gelangten sie nach Tarsus (der Heimatstadt des Paulus), wo Giulitta gefoltert und enthauptet wurde. Quiricus, noch ein Kleinkind, wurde eine Treppe hinuntergeworfen.

Gedenktag ist der 16. Juni.

16

Casa dei Cavalieri di Rodi

✶ ✶ ■

Der geheimnisvolle Malteserorden

Piazza del Grillo 1

Zugang nur mit geführten Gruppen (Di u. Do).
Man muss sich bei Vereinen wie Asino d'Oro anmelden.
Näheres erfahren Sie telefonisch unter +39 60608.
Die Cappella Palatina kann auch sonntags zur Messe um 11 Uhr besucht werden.
Geöffnet ist schon etwas früher, dann kann man sich in Ruhe umsehen.

Wenn man auf das Trajansforum blickt, sieht man links die berühmte Säule und auf der rechten Seite, ganz oben, eine große Loggia, an der die Fahne der Malteser weht. Doch um dorthin zu gelangen, muss man zu der Rückseite des gesamte Komplexes. Vorbei am Hotel Forum – von der Dachterrasse hat man einen großartigen Blick auf das Forum Romanum – geht es noch ein Stück weiter bis zur Piazza del Grillo. Auf der linken Seite, etwas versteckt, hinter einem meistens verschlossenen Gittertor, befindet sich eine kleine unscheinbare Tür und rechts davon führt eine Treppe nach oben. Hier sitzt der Römische Priorat des Ordens der Ritter von Malta bzw. Rhodos, kurz: des Malteserordens.

Im zwölften Jahrhundert wurde dieses Gebäude über und in den Resten des Augustusforums errichtet und im 15. Jahrhundert umfangreich restauriert. Eine Zeit lang befand sich hier ein Dominikanerinnenkloster, das 1930 wegen der Bau- und Ausgrabungsarbeiten während des Faschismus abgerissen wurde, um die breite Via dei Fori Imperiali zu bauen. Danach war das Gebäude im Besitz der Stadt Rom, bis es 1946 an den Orden zurückging.

Durch die erwähnte kleine Tür gelangt man nun zunächst in die Cappella Palatina di San Giovanni Battista (Johannes der Täufer), eine der „unsichtbaren" Kirchen in Rom, da sie von außen nicht als solche zu erkennen ist. Es gibt keine Fassade und nur eine unscheinbare Tür führt hinein.

Tatsächlich gibt es diese Kapelle erst seit 1946, als sie von dem Orden in einem der Räume der Casa dei Cavalieri di Rodi (Rhodos) ausgestaltet wurde. Ein schmaler Gang führt in den Innenraum, der aus massiven antiken Steinblöcken und römischem Ziegelwerk erbaut ist. Ein Teil der Struktur war der von Augustus errichtete Tempel des Mars Ultor, der andere gehörte zu einem altrömischen Wohnhaus. Hohe Travertinbögen formen ein Rechteck um die Kirchenbänke. Das Gebäude und die Säulen sind originale Teile des Augustusforums und stammen noch aus dem ersten Jahrhundert vor Christus. Durch die Fenster hat man einen schönen Blick auf die Kaiserforen

bis hin zum Vittoriano. Der Altar in der Nische gegenüber vom Eingang wird von einer Bronzebüste Johannes des Täufers dominiert, dem Schutzpatron des Ordens.

Wenn man die Kapelle nun wieder verlässt, gelangt man über die bereits erwähnte Treppe zur eigentlichen „Casa", die von Kardinal Marco Barbo, einem Neffen von Papst Paul II., Mitte des 15. Jahrhunderts erbaut wurde. Zuerst betritt man einen hohen Saal, den Salone d'Onore, mit zwei großen, alten Landkarten. Die eine zeigt in etwa das Gebiet des Römischen Reiches, die andere die In-

Blick von der Loggia der Casa dei Cavalieri di Rodi
auf Forum und Vittoriano

seln Rhodos und Malta. Dahinter liegt der andere, noch größere Saal, die Sala della Loggetta, mit einem offenen Kamin auf der einen Seite und gegenüber eine Rekonstruktion des Frieses vom Seitenportal des Augustusforums mit dem Haupt Jupiters in der Mitte und zwei Koren auf beiden Seiten.

Noch ein Stockwerk höher erreicht man schließlich die großartige Loggia, von der aus man einen fantastischen Rundblick auf Forum und Vittoriano genießen kann. Die Loggia selbst war mit Fresken geschmückt, von denen aber leider nur noch Reste erhalten geblieben sind. Die Inschrift über einer doppelten Tür, die nirgendwohin führt, weist darauf hin, dass ein Kardinal Barbo dieses Gebäude auf den Resten des Augustusforums hat errichten lassen.

→ **Stichwort: Malteserorden**
Der katholische Orden wurde 1048 zum Schutz des Heiligen Grabes in Jerusalem gegründet. Der ursprüngliche Name war Johanniterorden, nach dem Patron des Ordens, Johannes der Täufer. Im 16. Jahrhundert wurde der Name Malteser gebräuchlich, nachdem sich der Orden auf der Mittelmeerinsel angesiedelt hatte. Der Orden ist ein Kuriosum, ist er doch so etwas wie ein Staat im Staat. Tatsächlich gilt er bis heute als souveräne und überstaatliche Organisation. Er hat sogar seine eigene Verfassung und Gerichtsbarkeit und lässt sich nicht gerne in die Karten schauen. Trotzdem agiert er weltweit mit dem Ziel, sich um Menschen zu kümmern, die Hilfe benötigen. Dazu zählen Kranke und Alte ebenso wie Flüchtlinge. Die Zahl der Mitglieder liegt bei über 12.000.

17

San Bernardino da Siena ai Monti

★ ■

und Sant'Agata dei Goti

★ ★ ●

Die Chinesen und das IHS-Symbol der Jesuiten

Via Panisperna 256

Es sind keine Öffnungszeiten angeschlagen,
meist ist am Samstagnachmittag und Sonntagvormittag zur Messe geöffnet.
Anderen Informationen zufolge findet sonntags um 16 Uhr eine Messe statt.

Die unscheinbare kleine Kirche aus dem frühen 17. Jahrhundert, die auch San Bernardino in Panisperna genannt wird, ist selten geöffnet und man geht meist achtlos an ihr vorbei, weil auch die Fassade kaum auffällt. Sie liegt nur ein paar Schritte von Sant'Agata dei Goti entfernt am Rand des Monti-Viertels und ist einem Franziskaner, Bernardino von Siena (15. Jh.), geweiht.

Das Ausmaß der Scheinkuppel mit vier eingeschnittenen Fenstern entspricht genau dem eines hier entdeckten Raumes des antiken Gebäudes, auf dem die Kirche errichtet wurde. Auf dem Fresko, das als Empyrion (eine Darstellung des höchsten Himmels; vgl. 2. Kor. 12,2) bezeichnet wird, ist die Himmelfahrt des heiligen Bernardino dargestellt. Nebenan befand sich früher ein Kloster.

Im leicht elliptischen Innenraum befinden sich vier Seitenkapellen, die verschiedenen Heiligen gewidmet sind. Unter den zahlreichen Kunstwerken befindet sich jedoch nichts Herausragendes.

Die Besonderheit der Kirche liegt ganz woanders: Es handelt sich um die Kirche der katholischen Chinesen in Rom, eine kleine Gruppe (vielleicht 250 Gläubige) in der ansonsten recht zahlreichen chinesischen Gemeinschaft der Stadt. Seit 2003 finden hier Messen in chinesischer Sprache statt, nachdem 1999 ein taiwanesischer Priester begonnen hatte, sich um chinesische Katholiken zu kümmern. Typisch chinesisch ist auch ein Altar, auf dem, wie in chinesischen Tempeln auch, die Ahnen verehrt werden.

→ Stichwort: Bernardino von Siena

Der bei uns kaum bekannte Heilige (1380–1444) pflegte Pestkranke, als die Seuche in Italien wütete, erkrankte selbst, wurde aber geheilt. Er war Bruder in einem noch fundamentalistischeren Ableger der Franziskaner, den Observanten. Mehrere Jahre zog er als Wanderprediger durchs Land. Von ihm stammt das bekannte Namenssymbol für Jesus IHS, das auch als **I**esus **H**ominum **S**alvator (Jesus, Retter der Menschheit) interpretiert wird und das Ignatius von Loyola 100 Jahre später zum Wappen des Jesuitenordens nahm. Neider hängten ihm einen Ketzerprozess an, er wurde aber freigesprochen. Er soll verschiedene Wunder gewirkt haben. Während einer Predigt sollen einmal die Buchstaben IHS über ihm erschienen sein. Noch zwei weitere Ketzerprozesse überstand er schadlos und lehnte die zur Rehabilitierung gedachten Ämter als Bischof ab. Schon zu Lebzeiten genoss er große Verehrung, nicht zuletzt wegen seiner äußerst populären Predigten. Bernardino wurde nur sechs Jahre nach seinem Tod 1450 heiliggesprochen.

Der Heilige verurteilte das (Blond-) Färben der Haare als unbotmäßigen Eingriff in die Perfektion der Schöpfung. Wie würde er erst die Schönheitschirurgie unserer Zeit geißeln?

Bernardino ist der Heilige der Wollweber und Werbetreibenden. Er hilft bei Heiserkeit, Lungenkrankheiten und Blutungen.

Sant'Agata dei Goti

Nur ein paar Schritte weiter steht diese ebenfalls wenig bekannte Kirche. Ihre Geschichte geht vermutlich bis ins vierte Jahrhundert zurück und wurde im fünften Jahrhundert zur Nationalkirche der Goten (daher der Name); darüber hinaus gehörte sie zur arianischen Glaubensrichtung. Die Arianer lehnten die offizielle Version der Dreifaltigkeit ab. Für sie gab es nur den Gottvater – weshalb sie für die katholische Kirche als Ketzer galten. Ende des sechsten Jahrhunderts wurde die Kirche von Papst Gregor I. als katholische Kirche geweiht. Einer Legende zufolge soll sich der Teufel unter anderem mit Schwefeldampf dagegen gewehrt haben. Im neunten Jahrhundert folgte ein größerer Umbau. Nach dem Einsturz der Apsis (1589) erhielt sie im 17. Jahrhundert ihr heutiges barockes Aussehen. Allerdings kann man die ursprüngliche Konzeption immer noch an dem Innenhof mit dem Brunnen und der tiefen Lage erkennen. Auch die Anlage als dreischiffige Basilika geht auf die originale Kirche zurück. Die Säulen sind antik. Besonders schön sind, außer dem Innenhof, der Fußboden, zum Teil noch aus dem zwölften Jahrhundert (Cosmaten), die Gold verzierte Kassettendecke (1633) und die Fresken, die die Legende der heiligen Agathe erzählen.

→ Stichwort: **Sant'Agata**
Die heilige Agathe soll eine schöne junge Christin aus einer wohlhabenden Familie in Catania (Sizilien) gewesen sein. Als sie die Annäherungsversuche des römischen Statthalters zurückwies, lies dieser sie in ein Bordell stecken. Auch dort ließ sie sich nicht verführen und wurde fürchterlich gefoltert. Schließlich wurden ihr die Brüste mit einer Zange zerrissen und abgeschnitten. Um ihr Leiden zu lindern, soll Petrus selbst bei ihr erschienen sein. Als nach weiteren Qualen, die man ihr zufügte, ein Erdbeben Catania erschütterte, wurde sie in ein Gefängnis geworfen, wo sie im Jahr 250 im Alter von nur 25 Jahren starb.

Agathe ist die Patronin von Catania und Malta; sie ist unter anderem zuständig für die Feuerwehr, Ammen, Bergarbeiter, Goldschmiede, Glockengießer und Hungerleidenden; sie hilft gegen den Ausbruch des Ätna, bei Kinderlosigkeit, gegen Krankheiten der Brüste, Fieber, Brandgefahr, Hungersnot, Unwetter, Viehseuchen, Erdbeben und Unglück.

Gedenktag: 5. Februar

Bauernregeln: St. Agatha, die Gottesbraut, macht, dass Schnee und Eis gern taut.

An St. Agathe Sonnenschein, bringt recht viel Korn und Wein.

Via Mazzarino 16, oder,
gleich um die Ecke, Via Panisperna 29
Mo–Fr 7–9 u. 16–19 Uhr,
Sa u. So 10–12 u. 16–18 Uhr

18

Chiesa di Gesù Bambino all'Esquilino

Ein sehr mit sich selbst beschäftigter Ort

Via Urbana 1

Es gibt keinen Hinweis am Eingang,
aber während der regelmäßig stattfindenden Messen ist die Kirche geöffnet.
Evtl. kann man auch an der Rezeption des dazugehörigen, von außen unscheinbaren,
aber sehr empfehlenswerten Hotels Domus Nova Bethlem
auf der anderen Seite des Komplexes, in der Via Cavour, Auskunft erhalten.

Gegenüber der alten Kirche Santa Pudenziana gelegen, ist Bambino Gesù die Kirche des noch bestehenden Klosters der Suore Oblate del Santissimo Bambino Gesù. Der Orden wurde von einer gewissen Anna Moroni gegründet, die im 17. Jahrhundert lebte. Die spätbarocke Fassade der Kirche aus dem frühen 18. Jahrhundert strahlt seit einigen Jahren wieder in frischem Weiß, nachdem sie vorher ziemlich vernachlässigt gewirkt hat. Merkwürdigerweise steht am Eingang überhaupt nichts, weder wie die Kirche heißt noch Öffnungszeiten.

Die Kirche trägt eine hohe Kuppel und hat einen Grundriss in der Form eines griechischen Kreuzes. Hinten, im Innenhof, ist ein kleiner Glockenturm (Kampanile). Gleich rechts, am Eingang, befindet sich die Passionskapelle (erbaut 1856) mit einer aus Holz gefertigten, bemalten Jesusstatue. Die linke Seitenkapelle ist dem heiligen Andrea Corsini (aus einer römischen Adelsfamilie) gewidmet, dem die Jungfrau Maria erscheint, die rechte dem heiligen Augustinus, der hier den als Ketzer verurteilten Pelagius bekämpft.

Das Altarbild wurde vor einigen Jahren ausgetauscht. Nun hängt hier die Geburt Jesu von Bernardo Gagliardi, weil die früher hier befindliche Anbetung der Hirten von Marco Benefial als nicht hochwertig genug erachtet wurde. Das Bild befindet sich inzwischen im Konvent.

Hinten, auf der rechten Seite, gelangt man zu einer Tür, hinter der Stufen hinabführen zu einer kreuzförmigen, weiß getünchten Krypta. In einer kleinen Kapelle befinden sich vier Reliquiare mit je zwei Schädeln und zwei mit je einem Schädel.

19

Der Kreuzgang von Santa Maria sopra Minerva

Hier tobte einst die Inquisition

Wer neben der Kirche Santa Maria sopra Minerva den dazugehörigen Kreuzgang sehen möchte, geht von Berninis Elefanten aus nach links bis zum Eingang in der Ecke (Nr. 42). Dort befindet sich der sehenswerte Kreuzgang des Dominikanerklosters.

Das Kloster selbst ist ein geschichtsträchtiger Ort, wurde hier doch Giordano Bruno 1600 als „Ketzer" zum Tod auf dem Scheiterhaufen verurteilt. Die Verbrennung fand am Campo de' Fiori statt, dort, wo heute das Denkmal steht. Der Prozess gegen Galilei spielte sich ebenfalls hier ab und hier musste er seinen Thesen abschwören (1633). In diesem Komplex hatte früher die römische Inquisitionsbehörde ihren Sitz.

Der Kreuzgang aus dem 16. Jahrhundert unterscheidet sich von anderen aus der Zeit durch seine farbenprächtigen Fresken, die zwar nicht von allererster künstlerischer Qualität sind, dafür aber sehr lebendig wirken. Dargestellt werden das Leben des heiligen Dominikus, die 15 Gesetze des Rosenkranzes und einige der Inquisitoren, die hier ihr Unwesen trieben. Einige halten ihr abgeschlagenes Haupt in den Händen – ein Hinweis darauf, dass ihre grausame Verfolgung von „Ketzern" nicht immer großen Anklang fand und sie schließlich von einer aufgebrachten Menge gelyncht wurden. Inzwischen wurde die gesamte Anlage aufwendig restauriert.

Piazza della Minerva 38

Für eine Besichtigung anmelden können Sie sich unter www.facebook.com/visiteminerva.

20

Palazzo Madama

★★■

Cicero versus Catilina

Der Palazzo Madama liegt nur ein paar Schritte von der Piazza Navona entfernt, am Corso Rinascimento. Der Name geht zurück auf Margarethe (1522–1586), die uneheliche Tochter von Karl V., die zweimal in den italienischen Adel verheiratet wurde und hier wohnte. Erbaut wurde der Palast im 15. Jahrhundert. Seit 1871 befindet sich darin der Sitz des Senats, des zweiten Parlaments in Italien.

Doch bevor es so weit war, wechselten wiederholt die Eigentümer. Nach dem Tod des ursprünglichen Bauherren, dem Bischof von Chiusi, gelangte der Palast in den Besitz der florentinischen Familie Medici, genauer, in den von Giovanni de' Medici, Sohn des Lorenzo il Magnifico (der Prächtige). Giovanni wurde als Papst Leo X. (1513–1521) Nachfolger von Julius II. Nach seinem Tod übernahm Giulio de' Medici, der spätere Papst Clemens VII. (1523–1534). Von ihm erbte Alessandro de' Medici, ein Großneffe Lorenzos, den Palast, der 1536 die bereits erwähnte Margarethe, „Madama" genannt, heiratete. Die Ehe währte nur kurz, Alessandro wurde von seinem Cousin Lorenzino ermordet. Der zweite Ehemann Margarethes war Ottavio Farnese, ein Spross einer nicht minder bedeutenden Familie und Enkel von Papst Paul III.

Piazza Madama 11 (Corso Rinascimento)
Am 1. oder 2. Samstag im Monat 10–18 Uhr.
Man muss sich (ab 8.30 Uhr) vor Ort eine kostenlose Eintrittskarte holen, auf der die Zeit für die Führung steht. Man kann auch frei wählen. Wenn man gleich um 8.30 Uhr kommt, hat man eine größere Auswahl an Besichtigungszeiten und kann besser den Tag planen.
Keine größeren Gepäckstücke wie Rucksäcke mitnehmen.
Drinnen darf man keine Fotos machen.
Die Führungen finden ca. alle 20 Minuten statt.
Mehr Informationen zum italienischen Senat finden Sie unter www.senato.it.

Samuele Gallini/stock.adobe.com

Sixtus V. gewählt wurde. Dieser stammte aus einfachsten Verhältnissen, seine Eltern waren Kleinbauern. Seine Schwester Camilla spielte in Rom die große Dame, was in der Bevölkerung nicht gut ankam. Marforio fragte: *Ahimé Pasquino, perchè sei così sporco? Hai la camicia nera come quella di un carbonaro* (He Pasquino, warum bist Du so schmutzig? Dein Hemd ist so schwarz wie das eines Köhlers). Darauf Pasquino: *Che vuoi farci? La mia lavandaia è stata fatta principessa* (Was soll ich machen? Meine Wäscherin ist jetzt eine Prinzessin). Und als Anfang des

19. Jahrhunderts Napoleon Bonaparte während der französischen Besatzung begann, Rom auszuplündern, fragte Marforio: *È vero que i francesi sono tutti ladri?* (Stimmt es, dass die Franzosen alle Räuber sind?) Pasquino antwortete: *Tutti no, ma Bona Parte* (Doppelte Bedeutung: „Nicht alle, aber ein großer Teil“ Oder: „Nicht alle, aber Bonaparte“).

Die anderen sprechenden Statuen sind der **Facchino**, der Lastenträger (Ecke Via del Corso/Via Lata), eine Brunnenfigur am Gebäude des Banco di Roma, die sich schon länger nicht mehr zu Wort gemeldet hat. Ebenso **Madama Lucrezia**, der obere Teil einer riesigen Statue aus römischer Zeit in einer Ecke an der Piazza San Marco (Nähe Piazza Venezia). Die wirkliche Madama Lucrezia war Lucrezia d'Alagno, Geliebte des Königs von Neapel, Alfons V. (15. Jh.). Sie wollte bei Papst Calixtus III. (Onkel von Papst Alexander VI., Borgia) erreichen, dass Alfons geschieden wurde. Logischerweise wurde ihr der Wunsch verweigert. Nach dem Tod des Königs ging sie nach Rom und lebte in der Nähe dieser Statue.

Abbate Luigi, neben der Kirche Sant'Andrea della Valle (Piazza Vidoni), gehörte vermutlich zum Komplex des Pompeiustheaters. Der Name (Abt Ludwig) kommt von einem Priester der nahegelegenen Chiesa del Sudario, der der Statue sehr ähnlich gesehen haben soll. Abbate Luigi wurde immer wieder mutwillig beschädigt. Im April 2013 wurde der Kopf, der bereits einmal ersetzt werden musste, erneut abgeschlagen und gestohlen.

Die sechste Statue ist der **Babuino** (Affe), eine Brunnenfigur in der gleichnamigen Straße (nicht weit von der Spanischen Treppe). Die Wände rund um diese ebenfalls antike Statue waren ständig mit politischen Parolen beschmiert, was in der Öffentlichkeit als Schandfleck angeprangert wurde. Wie lange und wie weit allerdings durchgeführte Reinigungsmaßnahmen erfolgreich sind, bleibt abzuwarten.

Marforio

22

Cappella Santa Caterina (Palazzo Santa Chiara)

Eine „verhaltensauffällige" junge Frau

Die unscheinbare Fassade des Palazzo Santa Chiara, zwischen Pantheon und Largo Argentina gelegen, lässt nicht ahnen, dass sich im Inneren ein kleines Juwel befindet: die Cappella Santa Caterina.

Der Palast stammt in seiner heutigen Form aus dem 17. Jahrhundert und beherbergte ein Theater, das ehemalige Teatro Rossini. Heute befindet sich darin das Teatro dei Comici. Bis zum späten 16. Jahrhundert war an dieser Stelle ein Dominikanerinnenkloster. Später wechselte das Gebäude mehrfach den Besitzer, unter anderem gehörte es der Arciconfraternita della Santissima Annunziata, einer Bruderschaft, die vom Großinquisitor Kardinal Juan de Torquemada gegründet wurde. 1937 wurde der gesamte Komplex gründlich renoviert. Heute kann man die Räumlichkeiten für Kongresse, Ausstellungen, private Feiern oder geschäftliche Veranstaltungen mieten.

Gleich hinter dem Eingang befindet sich eine Bar. Durchquert man den Raum, liegt links ein kleines Kirchenportal. Wenn die Tür geschlossen ist, kann man jemanden vom anwesenden Personal bitten, sie aufzuschließen. Dahinter verbirgt sich die kleine Cappella Santa Caterina, die älter ist als der sie umgebende Palast. Es ist der Ort, an dem die heilige Caterina von Siena ihre letzten Lebensjahre verbrachte und an dem sie am 29. April 1380 starb. Die Reliquien der Heiligen ruhen heute allerdings in einem Schrein im Hochaltar der nahegelegenen Kirche → Santa Maria sopra Minerva (19).

In der Kapelle aber befinden sich die Reliquien von drei frühchristlichen Mär-

Piazza di Santa Chiara 14

Es gibt keine festen Öffnungszeiten, doch ist tagsüber meist jemand da, man muss nur nachsehen und ggf. fragen.

palazzo santa chiara

XXII

tyrern: in dem reich verzierten Marmorsarkophag (rechts) ein gewisser Exuperantius und ein Heraclius (links), über den wir durch den lateinischen Text auf der Marmortafel von 1687 erfahren, dass er „im römischen Hafen sein Blut vergossen hat", sonst ist jedoch so gut wie nichts Konkretes über ihn bekannt. Unter dem Altar liegen hinter einem Gitter die Gebeine eines der zahlreichen Heiligen mit Namen Johannes. Der Altar selbst wird von einem Bildnis der heiligen Caterina dominiert.

→ **Stichwort: Santa Caterina**

Caterina/Katharina (geb. 25. März 1347 in Siena, † 29. April 1380 in Rom) lebte in unruhigen Zeiten. Der Papst war im Exil in Avignon. Als kleines Mädchen hatte sie Visionen von Jesus und den Aposteln und legte bereits mit sieben Jahren (!) ein Jungfräulichkeitsgelübde ab. Gegen eine frühe Verheiratung wehrte sie sich erfolgreich. Als „Teenager" verhielt sie sich auffällig: Sie fastete lange Zeit, lebte asketisch, geißelte sich und schwieg. Mit 16 trat sie dem Dominikanerorden bei und „vermählte" sich 1367 mit Christus. In der Folgezeit war sie bestrebt, die Kirche zu reformieren, und verschickte zahlreiche Briefe, in denen sie die ihrer Ansicht nach mangelhafte christliche Einstellung des Klerus kritisierte. Sie widmete sich der Pflege von Kranken und kümmerte sich um Arme. Ihr immer spirituelleres Leben brachte ihr eine stetig wachsende Anhängerschar ein. 1375 traten in Pisa Wundmale (Stigmata) bei ihr auf. Ein Jahr später suchte sie Papst Gregor XI. in Avignon auf und trug sicher mit dazu bei, dass er nach Rom zurückkehrte. Sein Nachfolger Urban VI. holte sie nach Rom. Durch das extreme Fasten litt ihre Gesundheit mehr und mehr und schließlich starb sie entkräftet im Alter von nur 33 Jahren.

Das Grab der Katharina befindet sich in → Santa Maria sopra Minerva (19). 50 Jahre nach ihrem Tod wurde der Leichnam exhumiert, er soll unversehrt gewesen sein. Mit offizieller Genehmigung von Papst Martin V. zerteilte man ihn, um möglichst viele Reliquien verteilen zu können. So gelangte beispielsweise der Schädel nach Siena. Die Heiligsprechung erfolgte 1461 durch Papst Pius II., Pius XII. ernannte sie 1939 zur Patronin Italiens und Johannes Paul II. zur Schutzheiligen Europas.

Die heilige Katharina beschützt Krankenschwestern, Wäscherinnen und Pfarramtssekretärinnen (protestantische auch?). Sie schützt vor Feuer und Kopfschmerzen.

Gedenktag ist der 29. April.

Cappella Santa Caterina

23

Santo Stefano del Cacco

★ ■

Das magische Porträt

Etwas versteckt, zwischen Il Gesù und → Santa Maria sopra Minerva (19), liegt diese kleine Kirche. Der ursprüngliche Beiname war *Pinea*, wegen eines marmornen Pinienzapfens, der hier gefunden wurde. *Cacco* geht auf *Macaco* (Makake, eine Affenart) zurück, denn auch ein aus der Antike stammender Anubiskopf (der ägyptische Gott mit dem Hundekopf) wurde hier gefunden, den man als Affen deutete. Gleich in der Nähe stand einst ein Tempel aus dem ersten Jahrhundert vor Christus, für die ägyptischen Götter Isis und Serapis. Die zwölf Säulen in der Kirche stammen vermutlich daher.

Die Ursprünge dieser Kirche liegen im neunten Jahrhundert. Danach wurde sie immer wieder umgebaut und restauriert. Ihr heutiges Erscheinungsbild geht im Wesentlichen auf die Arbeiten im Jahr 1607 zurück. Ungewöhnlich ist der asymmetrische Grundriss der Basilika.

Das interessanteste und zugleich jüngste der zahlreichen Kunstwerke befindet sich in der stimmungsvollen ersten Seitenkapelle auf der linken Seite: *Il Santo Volto di Gesù* (das heilige Antlitz Jesu) von Gertrude Mariani aus dem Jahr 1945 mit seiner ganz eigenartigen Ausstrahlung. Es geht auf eine Vision der Nonne Pierina di Micheli zurück. Am 31. Mai 1938 erschien ihr in Mailand beim Gebet Maria, die ein Medaillon mit dem Bild Christi in der Hand hielt, auf dem *Illumina, Domine, vultum tuum super nos* (Herr, lass Dein Angesicht leuchten über uns; Psalm 66) geschrieben stand, und ihr erklärte, dass es sie wie ein Schutzschild verteidigen werde. Das Bild und auch das Medaillon des Santo Volto entstanden nach Anweisungen der seligen Pierina.

Via di San Stefano del Cacco 26

So 11–12.30 Uhr. An jedem ersten Dienstag im Monat findet zu Ehren des Santo Volto ab 16.15 Uhr eine Messe statt.

24

Krypta in der Kirche San Giovanni dei Fiorentini und Museo d'Arte Sacra

★ ★ ●

Der geheime Eingang im Altar

Via Acciaioli 2

tägl. 7.30–12 und 17–19 Uhr

Diese Kirche an der Piazza dell'Oro ist die einzige Kirche Roms, in der bei den Gottesdiensten ausdrücklich auch Haustiere mitdürfen.

Rechts vom Hauptaltar befindet sich auf der rechten Seite ein schmaler Durchgang. Knipsen Sie das Licht an. Hier führt rechts und links eine schmale Treppe nach unten – in die elliptische Krypta, die Borromini für die Familie Falconieri gebaut hat.

An einem Pfeiler im Kirchenschiff auf der linken Seite ist eine Gedenktafel für Francesco Borromini angebracht, in der an einige seiner bedeutendsten Werke und seine Grabstätte erinnert wird. Links vor dem Altar wurde eine Platte in den Boden eingelassen, auf der Name und Lebensdaten vermerkt sind.

FRANCISCVS BORROMINI TICINENSIS
EQVES CHRISTI
QVI
IMPERITVRAE MEMORIAE ARCHITECTVS
DIVINAM ARTIS SVAE VIM
AD ROMAM MAGNIFICIS AEDIFICIIS EXORNANDAM VERTIT
IN QVIBUS
ORATORIVM PHILLIPINVM S. IVO S. AGNES IN AGONE
INSTAVRATA LATERANENSIS ARCHIBASILICA
S. ANDREAS DELLE FRATTE NVNCVPATVM
S. CAROLVS IN QVIRINALI
AEDES DE PROPAGANDA FIDE
HOC AVTEM IPSVM TEMPLVM
ARA MAXIMA DECORAVIT
NON LONGE AB HOC LAPIDE
PROPE MORTALES CAROLI MADERNI EXVVIAS
PROPINQVI MVNICIPIS ET AEMVLI SVI
IN PACE DOMINI QVIESCIT

Francesco Borromini aus dem Tessin,
Ritter Christi,
der
als Architekt, im Bewusstsein seiner unvergänglichen Kunst,
seine göttliche Kraft darauf gerichtet hat,
Rom mit prächtigen Bauten zu schmücken,
darunter
das Oratorium Philippinum, Sant'Ivo, Sant'Agnese in Agone,
die Erneuerung der Lateran Basilika,
die Planung von Sant'Andrea delle Fratte,
San Carlo in Quirinale (San Carlino),
den Palazzo Propaganda Fide
aber auch diesen Tempel (Kirche)
hat er durch den Hauptaltar geschmückt.
Nicht weit von dieser Tafel.
Neben den sterblichen Überresten des Carlo Maderno,
seines Rivalen aus der Nachbargemeinde,
ruht er im Frieden des Herrn.

Museo d'Arte Sacra (San Giovanni dei Fiorentini)

Gleich ums Eck von San Giovanni dei Fiorentini, in der Borromini seine letzte Ruhestätte fand, befindet sich das zu der Kirche gehörende kleine, feine, aber weitgehend unbekannte Museum. Dabei bietet es erlesene Kunstwerke unter anderem von Michelangelo und Bernini, also unbestritten „Erste Liga"!

Mit einem Aufzug geht es in den zweiten Stock. Insgesamt besteht das Museum aus fünf Räumen, aber besonders interessant ist der längliche, angenehm ausgeleuchtete Raum über dem rechten Seitenschiff der Kirche. Rechts steht die Statue des San Giovannino, ein frühes Werk von Michelangelo. Das kleine Bronzekruzifix auf der Längsseite wird Bernini zugeschrieben. Ganz sicher Werke von Bernini sind die beiden Marmorbüsten; die eine zeigt Antonio Cepparello, die andere Antonio Coppola. Die beiden Florentiner waren als Mitglieder der Arciconfraternita dei Fiorentini Förderer des ehemaligen Krankenhauses, das zu dieser Kirche gehörte. Neben weiteren interessanten und gut beschriebenen Kunstwerken befinden sich hier auch in Gold gefasste Reliquiare mit den Gebeinen von Heiligen. Daneben führt eine Tür auf eine Empore, hoch oben in der Kirche. Von ihr aus kann man ein paar Schritte bis hinter die große üppig geschmückte Orgel machen und hat einen großartigen Blick in das Kirchenschiff.

Via Acciaioli 2

Öffnungszeiten: Mo–Sa 9.30–12 Uhr

Der Eintritt ist frei, eine Spende jedoch erwünscht.
Wenn zu den offiziellen Zeiten niemand öffnet,
kann man in der Kirche nachfragen.

25

Oratorio del Gonfalone

Welch eine Pracht sich hier verbirgt!

Das Oratorio del Gonfalone ist ein wenig bekanntes und versteckt liegendes Kleinod in Rom. Es handelt sich um ein profanisiertes Oratorium aus dem 16. Jahrhundert. In der Krypta sind noch Reste der ursprünglich an dieser Stelle stehenden Kirche Santa Lucia Vecchia erhalten (nicht zu verwechseln mit der Kirche Santa Lucia del Gonfalone, die sich ganz in der Nähe befindet). Zunächst war dies der Sitz einer bereits Mitte des 13. Jahrhunderts gegründeten Erzbruderschaft von Unterstützern des Papsttums. Es war die Zeit, als die Päpste im Exil in Avignon weilten (1309–1377). 1890 wurde diese Bruderschaft aufgelöst, ihr Besitz fiel dem Staat zu und das Oratorium wurde als Lagerhaus genutzt. Erst 1960 erinnerte man sich wieder daran. Aufwendige und teure Restaurierungsarbeiten wurden ab 1998 durchgeführt, bis der Saal 2002 als Konzertsaal eröffnet werden konnte. Seitdem finden hier in der Wintersaison Kammerkonzerte (und sogar Festbankette) statt, die von dem Verein Oratorio del Gonfalone organisiert werden.

Via del Gonfalone 32 A, eine Seitenstraße der Via Giulia.

Führungen finden Mo–Fr von 10–16 Uhr nach vorheriger telefonischer Anmeldung statt: Tel. +39 66875952. Man kann es aber auch „einfach so" probieren und an der Tür läuten und warten, bis geöffnet wird. Das Sekretariat des Coro Polifonico Romano ist von Mo–Fr von 9–13 Uhr besetzt.

Für Konzerte:

Karten vorbestellen können Sie unter +39 685301758; service@romeguide.it. Weitere Informationen sind unter info@romechamberfestival.org erhältlich oder telefonisch: +39 632650719.

Doch nun zum Inneren dieses Juwels. Hinter der Eingangstür führt links eine Treppe nach oben zu einem Vorraum mit einem Tisch und Gemälden. Man betritt das Oratorium von der Bühne aus und ist sogleich überwältigt von der einzigartigen Atmosphäre, die einen hier umgibt. Rundum ist der Raum mit prächtigen Fresken des römischen Manierismus geschmückt. Es sind die zwölf Stationen des Kreuzweges – ein Werk von Maler Federico Zuccari und seiner Schule (um 1570). Über allem hängt die geschnitzte Holzdecke.

27

San Tommaso di Canterbury

★★■

Goldene Pracht hinter Bullaugen

Nur ein paar Schritte von der Piazza Farnese entfernt, kommt man auf der rechten Seite zu einer ungewöhnlichen Fassade im neoromanischen Stil. Vier runde Fenster erinnern an die Bullaugen eines Schiffes, hinter denen man nicht sofort eine Kirche vermutet. Das Rundbogenportal auf der linken Seite ist meistens geschlossen, aber noch ein kleines Stück weiter befindet sich der Eingang zum Venerable English College. Da die Kirche nur zu Messen geöffnet ist, kann man hier läuten und an der Pforte fragen, ob man sie besichtigen darf, was in der Regel kein Problem sein sollte.

In ihrer heutigen Form stammt diese Kirche aus der zweiten Hälfte des 19. Jahrhunderts. Die Ursprünge liegen jedoch wesentlich weiter zurück, möglicherweise im achten Jahrhundert; aufgrund der dürftigen Unterlagen aber sind sich die Experten nicht einig, wann genau hier eine erste Kirche errichtet wurde. Um 1500 wurden diverse Umbauten und Renovierungen ausgeführt. Ende des 17. Jahrhunderts wurde Andrea Pozzo beauftragt, umfangreiche Veränderungen vorzunehmen. In zwei großen Oratorien schuf er jeweils ein Deckengemälde. In dem linken ist Mariä Himmelfahrt abgebildet und im rechten der heilige Georg, der Drachentöter. Weitere Umbauten blieben bis auf den barocken Kampanile weitgehend in der Planungsphase stecken, da kein Geld mehr floss. In der Folgezeit war die Kirche weitgehend dem Verfall preisgegeben, bis man sich 1866 zu einem umfangreichen Neubau entschloss.

Das Innere der Kirche ist äußerst farbenprächtig gestaltet. Die Seitenschiffe sind durch Säulen im korinthischen Stil abgetrennt, darüber erhebt sich eine Empore, deren Rundbögen von sehr schlan-

Via di Monserrato 45

So 9.30–11 Uhr

Um Einlass bitten kann man an der Pforte, links von der Kirche.

English College Website: www.vecrome.org

ken Säulen, ebenfalls im korinthischen Stil, getragen werden. Das bedeutendste Monument der Kirche ist das Grabmal des englischen Kardinals Bainbridge aus dem frühen 16. Jahrhundert, das aus der vorherigen Kirche herübergerettet wurde.

Wenn man die Kirche wieder verlässt und den Gang nach rechts weitergeht, gelangt man zu einem hübsch angelegten subtropischen Garten und einem ziemlich großen von Säulen eingefassten Swimmingpool für die Seminaristen.

→ Stichwort: **heiliger Thomas Becket (San Tommaso di Canterbury)**

Thomas Becket lebte im zwölften Jahrhundert und stammte aus einer wohlhabenden Kaufmannsfamilie. Dadurch konnte er sich Studienreisen leisten, die ihn unter anderem nach Frankreich und Italien führten. Später machte er eine steile politische und kirchliche Karriere. Er nahm als Lordkanzler von König Henry II. Einfluss auf das politische Geschehen. Henry ernannte Thomas schließlich zum Erzbischof von Canterbury, um seinerseits Macht auf die Kirche auszuüben. Allerdings wandte sich Thomas, nunmehr als Benediktiner, immer mehr von weltlichen Dingen ab und wurde zu einem echten Vertreter der Kirche. Als er sich eines Tages weigerte, die politischen Wünsche des Königs zu erfüllen, kam es zum Bruch. Henry ließ ihn wegen Hochverrat verurteilen. Daraufhin floh Thomas nach Frankreich. Henry bot ihm einen Kompromiss an, woraufhin Thomas zurückkehrte. Wieder zurück in England stellte er sich weiter entschieden gegen Henry und die Lage spitzte sich zu. Schließlich wurde er von dessen Häschern in der Kathedrale von Canterbury erschlagen. 1173, nur drei Jahre nach seinem gewaltsamen Tod, wurde er heiliggesprochen und sein Grab ein Wallfahrtsort. 1538 ließ der berüchtigte Henry VIII. das Grabmal zerstören.

Sein Gedenktag ist der 29. Dezember.

28

Cappella Spada (in der Kirche San Girolamo della Carità)

★★●

Engel und Tücher aus Marmor

Auf die Kirche San Girolamo soll nicht weiter eingegangen werden, umso mehr auf die erste Seitenkapelle von rechts, die Cappella Spada. Da man die Kirche allerdings nicht mehr durch das Hauptportal betritt, sondern durch einen Seiteneingang, muss man sich nach Betreten nach links wenden, zur letzten Kapelle auf der linken Seite. Früher wurde dieses Werk Borromini zugeschrieben, mittlerweile haben die Fachleute Zweifel, ohne aber eine überzeugende Alternative nennen zu können.

Die mit Intarsien aus rotem Marmor und grünem Jaspis üppig geschmückte Kapelle hat keine Abgrenzung, stattdessen halten zwei große Engel aus weißem Marmor ein (marmornes) Tuch, das wie ein orientalisches Gewebe wirkt und eine Balustrade ersetzt. Der Name Cappella Spada geht zurück auf die Familie Spada, die 1660 den Auftrag dazu erteilt hat. Einige Angehörige dieser Familie sind hier bestattet. Die beiden Statuen rechts und links stellen Bernardino und Giovanni Spada dar.

Via di Monserrato 62 A;
Eingang: Seitenportal an der Via di San Girolamo della Carità
So 10–13 u. Di–Fr 17–19 Uhr

29

Palazzo della Cancelleria

★★★ ■

Vasari und die 100 Tage

Der riesige Palast am Corso Vittorio Emanuele II ist nur ein paar Schritte vom Campo de' Fiori entfernt und, wie eine Reihe anderer Bauten und Kirchen in Rom, extraterritoriales Gebiet des Vatikan.

Nach dem jahrhundertelangen Niedergang Roms war dieser erste Renaissance-Palast der Stadt ein Zeichen des Aufbruchs in eine neue Zeit. Ende des 15. Jahrhunderts wurde mit dem Bau begonnen. Ausführender war ein Neffe von Papst Sixtus IV. (1471–1484), Raffaele Riario. Die finanzielle Grundlage soll er beim Würfeln mit Franceschetto Cybò, einem von acht (!) Söhnen des Papstes Innozenz VIII. (1484–1492) „erzockt" haben. Bereits 1527 wurde der Palast niedergebrannt, als beim Sacco di Roma (Plünderung im Jahr 1527) Söldner und Landsknechte die Stadt verwüsteten und plünderten. Hundert Jahre nach dem ursprünglichen Baubeginn wurde 1585 die Wiedererrichtung des Palasts begonnen. Die ebenmäßige, mit Travertin verkleidete Fassade besticht durch ihre schnörkellose Klarheit. Nach einer wechselhaften Geschichte erhielten erst 1967 wichtige vatikanische Behörden hier ihren Sitz: die vatikanische Gerichtsbarkeit, aber auch die päpstliche Akademie für Archäologie und die für Literatur und Kunst.

Der dreistöckige rechteckige Innenhof, der meist öffentlich zugänglich ist, beeindruckt durch die zwei hohen Arkaden-Stockwerke. Die Säulen stammen, wie meistens in Rom, von antiken Bauten. Vom Hauptportal führt eine breite

---

Piazza della Cancelleria 1

Die Säle im ersten Stock, die Kapelle und auch der unterirdische kleine See sind nicht öffentlich zugänglich,
aber es gibt regelmäßig Führungen (meistens samstagvormittags),
zu denen man sich problemlos anmelden kann.
Nachfragen kann man bei economato@apsa.va
oder anderen Organisationen, die Führungen anbieten.

Treppe in der linken Ecke zum ersten Stockwerk. Auf der gegenüberliegenden Seite gelangt man zu dem prächtig ausgestalteten Gerichtssaal, der Sala Riaria, auch Aula Magna genannt, und von ihm zu dem berühmten sogenannten Salone dei Cento Giorni, der von Giorgio Vasari und seinem Team in nur hundert Tagen (*cento giorni*) ausgeschmückt wurde. Michelangelo soll die nur hunderttägige Ausgestaltung des Saales mit einem spöttischen „das sieht man auch" (*si vede*) kommentiert haben. Dennoch ist dieser Saal, gerade auch wegen der perspektivischen Malereien, außerordentlich eindrucksvoll. Auf den Fresken wird dem Pontifikat von Papst Paul III. (1534–1549) gehuldigt (→ Palazzo Farnese, 30). Eine weitere Besonderheit ist die von Francesco Salviati mit Stuck und Gemälden ausgestaltete Cappella del Pallio in der Nordwestecke des Palastes.

Zu einer weiteren Besonderheit gelangt man, wenn man im Erdgeschoss des Innenhofs zu der Südwestecke geht und von dort aus hinunter bis zu dem kleinen, eingefassten unterirdischen See, der von einer Quelle gespeist wird. In der Antike war hier vermutlich ein Heiligtum der Jagdgöttin Diana. Im Wasser steht der Sarkophag des Aulus Hirtius. Erst 1938 wurde diese Kuriosität bei archäologischen Untersuchungen entdeckt. Hirtius war Unterfeldherr bei Caesar im Gallischen Krieg und Verfasser des achten Buches von Caesars *De Bello Gallico*. 1988 kamen bei weiteren Grabungen die Reste einer großen frühchristlichen Basilika zum Vorschein, die wohl auf Papst Damasus I. (366–384) zurückgeht. In den Palast der Cancelleria ist, von außen unsichtbar, die ziemlich große Kirche San Lorenzo in Damaso integriert.

Salone dei Cento Giorni

Sarkophag des Aulus Hirtius

→ **Stichwort: Papst Paul III.**
Alessandro Farnese (1468–1549) besaß eine umfassende humanistische Bildung, wie es sich für den Spross einer der bedeutendsten Familien Roms gehörte. Vor seiner klerikalen Karriere nahm auch Alessandro an dem ausschweifenden Leben der römischen Elite teil. Mit einer früheren Geliebten hatte er zwei Söhne und eine Tochter. Dadurch, dass er seine Schwester Giulia Farnese Papst Alexander VI. als Geliebte überließ, wurde ihm der Einstieg in die kirchliche Laufbahn geebnet.

Als Papst exkommunizierte er 1538 den englischen König Heinrich VIII., der sich daraufhin von Rom lossagte und die Church of England gründete. 1540 legitimierte er den Jesuitenorden.

Das bedeutendste Bauwerk Pauls III. ist zweifellos der grandiose → Palazzo Farnese (30), den er sich mit den Einnahmen seiner zahlreichen Bistümer leisten konnte. Auch der Platz vor dem Kapitol verdankt seine Gestaltung Paul III. Zwischen 1536 und 1546 gab Michelangelo ihm und den Gebäuden ihr heutiges Aussehen. Die berühmte Reiterstatue Marc Aurels, die heute in den Kapitolinischen Museen steht, wurde 1538 hier aufgestellt (der Platz ziert die Rückseite der italienischen 50-Cent-Münze). Ein weiteres epochales Werk wurde unter seiner Ägide geschaffen: Michelangelos monumentales Weltgericht in der Sixtinischen Kapelle.

30 Palazzo Farnese

★★★ ■

Das Glück, eine schöne Schwester zu haben

Der Palazzo Farnese ist so ziemlich der eindrucksvollste Renaissance-Palast in Rom, zumal er nicht, wie andere, in einer schmalen Straße „verschwindet“, sondern durch seine erhabene Lage an der gleichnamigen Piazza erst richtig zur Geltung kommt.

Kardinal Alessandro Farnese, der spätere Papst Paul III., gab den Bau dieser Machtdemonstration in Auftrag. Planungen begannen schon 1514. Der Sacco di Roma (Plünderung im Jahr 1527), bei dem es zu großen Zerstörungen kam und Rom ins Chaos fiel, unterbrach die Planungen, sodass das Bauwerk erst ab 1534, als Alessandro Papst war, gebaut werden konnte. Chefbaumeister war Antonio da Sangallo. 1549 unterbrach der Tod Pauls III. erneut die Arbeiten.

Erst 1589 wurde der Palast ganz fertiggestellt. Eine Brücke über den Tiber, zur Villa Farnesina, wie es Michelangelo vorgeschlagen hatte, wurde nicht gebaut. Stattdessen blieb es bei der über die Via Giulia, hinter dem Palast, die zu den Gärten führt.

Von den Farneses ging der Palast in den Besitz der französischen Bourbonen-Herrscher von Neapel über. Diese verkauften ihn an Frankreich (1874). 1936 konnte ihn Italien zurückerwerben. Dennoch residiert hier weiterhin der französische Botschafter, der hier seitdem „zur Miete“ wohnt – der Pachtvertrag gilt 99 Jahre.

Spannend ist die Frage, wie man sich einen solchen Palast eigentlich „leisten“ kann? Ganz einfach: Alessandro Farnese

---

Piazza Farnese

Wer den Palazzo Farnese besichtigen will, muss sich rechtzeitig im Internet anmelden und jede Menge Fragen zum Thema Sicherheit beantworten. Auch der Eintrittspreis wird gleich per Kreditkarte beglichen. Zuständig dafür ist seit einiger Zeit Inventer Rome, die alles organisieren (www.inventerrome.com/index.php/en/visiting-palazzo-farnese).

erlangte 1493 den Kardinalspurpur um den Preis, dass er seine bildschöne und sehr junge Schwester Giulia Farnese dem Borgia-Papst Alexander VI. als Geliebte überließ.

Man betritt den Palast durch das Hauptportal. Der Zugang zum Innenhof ist durch Granitsäulen dreigeteilt. In den Nischen auf beiden Seiten stehen römische Büsten. Der Weg für Besucher führt

aber zunächst nach rechts zu den Sicherheitskontrollen. Bei der obligatorischen Führung geht es dann in den großen, von Michelangelo konzipierten, Innenhof und kurz in den kleinen Garten, der zur Via Giulia führt. Über eine breite Treppe gelangt man anschließend hinauf in den ersten Stock und in den großen, fast würfelförmigen Saal. Allein schon die Höhe von 18 Metern beeindruckt. Der Saal ist schlicht weiß getüncht und wird nur durch große Gobelins, deren Motive von den Stanzen des Raffael im Vatikan hergeleitet sind, Büsten römischer Kaiser und einen monumentalen Kamin geschmückt. Die Stauen zu beiden Seiten des Kamins stellen allegorisch „Frieden" und „Überfluss" dar und waren für das Grab Pauls III. im Petersdom bestimmt. Die Ornamente der mächtigen, aufwendig gearbeiteten Holzdecke finden ihre Entsprechung im steinernen Fußboden.

Der nächste Raum, der zu besichtigen ist, liegt auf der gegenüberliegenden Seite: die Galleria Farnese mit den reichen Fresken und der Stuckdekoration. Erst Kardinal Odoardo Farnese, ein Neffe Alessandros, lies die kunstvolle

Giulia Farnese

Ausmalung des Palastes fortführen. Die zu ihrer Zeit hochberühmten Brüder Annibale und Agostino Caracci aus Bologna gaben der Galerie ihr prunkvolles Aussehen. Dargestellt werden Szenen aus der griechischen Mythologie: an der Decke der Zug von Bacchus, Trauben in der einen, einen rebenbekränzten Stab in der anderen Hand, begleitet von Bacchantinnen und trunkenen Silenen. Auf der Schmalseite oben, in einem scheinbar gerahmten Bild, Polyphem mit einer Panflöte, der mit Galatea flirtet.

Leider kann nicht wesentlich mehr besichtigt werden, zum Beispiel die vielen Gemälde oder auch die Bibliothek im zweiten Stock, da nur ein kleiner Teil der Botschaft öffentlich zugänglich ist. Aber es lohnt sich auch so, da es doch ein ziemlich exklusives Vergnügen ist.

→ Stichwort Giulia Farnese

Giulia Farnese (1474–1524), die unter dem Beinamen *La Bella* (die Schöne) bekannt war, heiratete 15-jährig den ein Jahr älteren Orsino Orsini, mit dem sie bis zu dessen Tod (1500) verheiratet blieb. Nicht lange nach ihrer Hochzeit (1491) wurde der bereits 60-jährige Rodrigo Borgia, ein Jahr später Papst Alexander VI., auf sie aufmerksam und wollte sie zu seiner Geliebten machen. Um den Weg zu ebnen, wurde Ehemann Orsino mit einem Bürgermeisteramt belohnt. Auch Bruder Alessandro profitierte. Dafür, dass Giulia Borgia „überlassen" wurde, gelangte er in der Folgezeit zu neun Bistümern, die eine sichere Einnahmequelle für einen opulenten Lebensstil waren und genug Geld für den Bau des berühmten Palastes einbrachten, der Schauplatz vieler wilder Feste war. Alessandro wurde mit 25 Jahren zum Kardinal ernannt und 1534 zum Papst gewählt (Paul III.). In seinem neuen Amt konnte er seine Macht und seinen Reichtum weiter vergrößern. In der Wahl seiner Mittel war er nicht eben zimperlich und konnte so auch Verwandten Titel zuschanzen. Sein Neffe wurde auf diese Weise sogar zum Herren über 30 Bistümer.

Giulia trat bei Borgia die Nachfolge der gut 30 Jahre älteren Vanozza an. Sie war bald eng befreundet mit deren und Borgias Tochter Lucrezia und schenkte ihm mindestens vier weitere Kinder.

Beim römischen Volk kam das nicht gut an, Giulia wurde als Braut Christi verspottet, eigentlich eine Bezeichnung für Nonnen.

Drei Jahre nach dem Tod von Papst Alexander VI. (1503) heiratete sie noch einmal und überlebte auch diesen Ehemann.

Wo Giulia begraben liegt, ist unbekannt, und leider gibt es kein Porträt, das ihre Schönheit bezeugen könnte. Allerdings wird gemutmaßt, dass die weibliche Figur auf dem Grabmal ihres Bruders, Papst Paul III., vom Bildhauer Guglielmo della Porta nach einem Bild von ihr geschaffen wurde. Das Grabmal befindet sich im Petersdom, links von Berninis Hauptaltar. Da die ursprüngliche nackte Statue so erotisch gewesen sein soll, dass männliche Betrachter auf „unsittliche Gedanken" gekommen sein sollen, wurde ihr einige Jahrzehnte später ein bleiernes Kleid angezogen, das aber noch im 18. Jahrhundert gegen eine kleine Spende entfernt wurde.

31

San Salvatore in Onda

★ ★ ●
(Krypta ■)

Ein Wohnort Karol Wojtylas, des späteren Papstes Johannes Paul II.

Via dei Pettinari 51
tägl. 8–12 Uhr

Jeder, der einmal vom Campo de' Fiori zum Trastevere gelaufen ist, ist an dieser Kirche vorbeigegangen, wahrscheinlich ohne sie zu beachten, vielleicht auch, ohne sie überhaupt wahrzunehmen. Kurz vor dem Ponte Sisto, in der Via dei Pettinari, auf der rechten Seite, befindet sich diese von außen so unscheinbare Kirche.

Der Name *in Onda* (Welle) hat mit ihrer Lage nahe am Tiber zu tun, der früher oft über seine Ufer trat und ganze Stadtviertel überflutete. Heute verhindern die Uferbefestigungen meist Schlimmeres.

Lange Zeit lebten hier Franziskaner. Seit Mitte des 19. Jahrhunderts ist hier der Sitz der Pallottiner Patres und Brüder, eine Gesellschaft (kein Orden), die auf Vincenzo Pallotti (1795–1850) zurückgeht. Pallotti war Priester und engagierte sich in der Seelsorge für Jugendliche, Gefangene und Kranke. 1963 wurde er von Johannes XXIII. heiliggesprochen. Im Altar befindet sich ein gläserner Sarkophag, in dem er beigesetzt wurde.

Die Ursprünge der Kirche gehen wohl ins elfte Jahrhundert zurück. Im 18. Jahrhundert erhielt die kleine Basilika ihr heutiges Aussehen. Bemerkenswert sind die prächtige Decke und die zwölf antiken Säulen, die zu der äußerst ästhetischen Gestaltung beitragen.

Aber es gibt noch eine weitere Besonderheit. Im linken Seitenschiff, auf der Höhe des Altars, geht es durch eine kleine Tür zu einem Gang. Von hier führen Stufen hinunter zu einer kleinen, sehr schönen Krypta aus dem achten Jahrhundert, die von antiken Säulen mit ionischen Kapitellen gestützt wird. Unter dem Metalldeckel im Boden befinden sich Stufen, die noch tiefer hinab zu Räumen aus römischer Zeit aus dem zweiten Jahrhundert führen. Allerdings ist der Zutritt aus Sicherheitsgründen nicht gestattet.

Als der spätere Papst Johannes Paul II., Karol Wojtyla, 1946 zum Studium nach Rom kam, lebte er eine Zeit lang im dem großen zu der Kirche gehörenden Komplex.

32

Stanze di Sant'Ignazio di Loyola

★★●

Sind die Musiker echt?

Vom Eingang rechts neben Il Gesù (Jesuskirche) führt ein langer Gang zu einem Nebengebäude mit Treppenhaus. Im obersten Stockwerk befinden sich die Räume, in denen der heilige Ignazio (eigentlich Iñigo) von Loyola, der Gründer des Jesuitenordens, von 1544 bis zu seinem Tod am 31. Juli 1556 lebte.

Die Außenwand des Eingangs ist mit Fresken bemalt. Die rechte Seite zeigt den aus Polen stammenden heiligen Stanislaus Kostka (→ Räume des heiligen Stanislaus Kostka in Sant'Andrea al Quirinale, 13), der ein Riesenbaby im Arm hält. Über der Tür steht geschrieben: INGREDERE AEDICULAS OLIM INCOLAE NUNC PATRONO S. IGNAZIO SACRAS (Betritt die Räume, die St. Ignatius einst als Bewohner, nun als Schutzherren geweiht sind).

Nun betritt man einen großartig ausgeschmückten Korridor, der von Andrea Pozzo 1680 gestaltet wurde (von ihm stammen auch das Deckengemälde in Sant'Ignazio und das Refektorium beim → Kreuzgang und Convent von Santissima Trinità dei Monti, 11). Die zum Teil illusionistischen Fresken zeigen Szenen aus dem Leben Ignatius'. Die musizierenden Engel am Ende des Korridors sind auf eine schräge Wand gemalt und wirken so dreidimensional, als würden sie tatsächlich hier sitzen und spielen.

In dem kleinen Museum sind unter anderem das Schreibpult und die Schuhe des Heiligen, aber auch Bücher und Briefe sowie Gegenstände des täglichen Gebrauchs ausgestellt. Ignatius schrieb hier die *Constitutiones Societatis Iesu*, die Grundlagen des Jesuitenordens, und über 7000 Briefe.

Nur ein paar Schritte weiter, in der übertrieben prächtigen Kirche Il Gesù, befindet sich das Grabmal des Ignazio und die ebenfalls prachtvolle Cappella di Sant'Ignazio. Es war einmal mehr der großartige Jesuitenkünstler Andrea Pozzo, der sich hier wieder etwas Raffi-

Piazza del Gesù 45

Mo–Sa 16–18 Uhr; Sonn- u. Feiertage 10–12 Uhr

niertes ausgedacht hatte. Jeden Tag um 17.30 Uhr lässt ein Mechanismus, die sogenannte Barock-Maschine, langsam das große Altargemälde wie einen Bühnenvorhang verschwinden. Zum Vorschein kommt eine silberne Statue des Heiligen. Allerdings nur eine Kopie aus der Werkstatt von Antonio Canova, denn Papst Pius VI. ließ die originale 1797 aus Geldnot einschmelzen. In der bronzenen Urne sind die Gebeine des Ignazio aufbewahrt. Die dramatischen Figurengruppen auf beiden Seiten stellen den Sieg der reinen katholischen Lehre über die „ketzerischen" Lehren dar. Wenn man genau hinsieht, erkennt man, dass der Putto auf der rechten Seite Bücher zerreißt. Es sind Bücher der „Ketzer" Luther und Calvin.

33

Reste des Pompeiustheaters unter dem Restaurant Da Pancrazio

Speisen im antiken Gewölbe

Von dem riesigen Pompeiustheater (55 v. Chr.) samt Portikus ist nichts Sichtbares mehr erhalten. Dabei erstreckte sich der gesamte Komplex von der Via Biscione/Campo de' Fiori bis zum Largo Argentina. Nur noch am Straßenverlauf kann man in etwa den Standort des Theaters nachverfolgen: Der gebogene Verlauf der Via Biscione bis zur Kirche San Andrea della Valle bildet in etwa den Verlauf der Außenseite. Der Bühnenbereich entspricht zum Teil der Via di Grottapinta mit dem profanisierten (also nicht mehr geweihten) kleinen Kirchlein Santa Maria di Grottapinta auf der anderen Seite des schmalen Durchgangs neben dem Restaurant Da Pancrazio an der Piazza Biscione. Darunter befinden sich eindrucksvolle Gewölbe des Theaters. Auch wenn man hier nichts essen will – obwohl das Restaurant eine gute Adresse ist –, kann man sich hier kurz umsehen.

Gleich links hinter dem Eingang führt die Treppe, vorbei an einer Caesarbüste, nach unten. Die beiden Räume werden vom Restaurant als Gasträume genutzt. Das schöne Modell des Theaters vermittelt einen guten Eindruck von dem ersten ganz aus Stein erbauten Theater in Rom.

Caesar wurde jedoch nicht hier ermordet, sondern beim Largo Argentina, wo die Kurie des Pompeius stand (unter dem Teatro Argentina). Da wurde auch die Pompeius-Statue gefunden, die heute im Sitzungssaal des Staatsrates im Palazzo Spada aufgestellt ist.

Piazza del Biscione 92

Öffnungszeiten: 12:30–15 Uhr u. 19.30–23 Uhr
Mittwochs Ruhetag

+39 66861246, info@dapancrazio.it

Weitere Reste des Theaters findet man unter anderem im Hotel Teatro di Pompeo (Largo del Pallaro 8), im Hotel Lunetta an der Piazza Paradiso und in der Osteria Costanza ein paar Schritte weiter.

34

Chiesa di Gesù Nazareno all'Argentina

Jesus, der Hippie

In einer schmalen Gasse hinter dem Teatro Argentina ist diese von außen völlig unscheinbare kleine Kirche, die leider auch nur selten geöffnet ist. Dabei lohnt es sich, mal einen Blick hineinzuwerfen.

Die Geschichte dieser Kirche begann bereits Ende des 14. Jahrhunderts. Um 1560 gelangte sie in den Besitz der Berufsgenossenschaft der Barbiere (Confraternita dei Barbieri) und war den beiden Heiligen und Märtyrern Cosmas und Damian, Zwillingsbrüder aus Syrien (viertes Jahrhundert), geweiht (*Santi Cosma e Damiano dei Barbieri*). Als Ärzte waren sie die Patrone der Bruderschaft. Um 1620 wurde die Kirche erneuert, hundert Jahre später ein weiteres Mal. Als im Zuge der italienischen Unabhängigkeitsbewegung Rom 1870 vom neuen Königreich Italien eingenommen

Via dei Barbieri 22 A

Sonntag zur Messe; 11 Uhr. Ab ca. 10.30 Uhr geöffnet.

wurde, wurde diese Kirche aufgegeben und profanisiert. Schon knapp 20 Jahre später ging sie an die Erzbruderschaft des Jesus von Nazareth (Arciconfraternita di Gesù Nazareno) über, die ihre wenige Meter entfernte Kirche verloren hatte. Seither trägt sie den jetzigen Namen. Es folgten ein paar kleinere Restaurierungsarbeiten. 1934 übernahm sie der polnische Orden des heiligen Paulus, des ersten Einsiedlers (Zakon Świętego Pawła Pierwszego Pustelnika), kurz „Pauliner" genannt. 1986 wurde die Kirche ein weiteres Mal geschlossen. Heute ist sie an die Kirche San Carlo ai Catenari angeschlossen und gehört wieder zu der neu gegründeten Jesus-Bruderschaft. Erst 2011 wurden weitere Arbeiten abgeschlossen, bei denen vor allem die schönen Stuckengel und Verzierungen, aber auch die Fresken restauriert wurden. Der bescheidene Altar wird von einer hinter Glas gestellten „lebensechten" Jesusstatue mit langer Hippiemähne dominiert.

35

Casa di Lorenzo Manilio

✶ ●

Aus Liebe zu Rom

Im Ghetto, an der Ecke Via del Portico d'Ottavia/Via di Sant'Ambrogio, steht ein Haus, das durch ein breites Inschriftenband auffällt, welches über dem Erdgeschoss eingefügt wurde. Die meisten Rombesucher glauben, es handele sich um ein Element, das, wie so oft in Rom, von einem antiken Bauwerk stammt. Ganz falsch. Erst 1468 ließ ein sonst nicht weiter bekannter Lorenzo Manilio diesen Architrav (tragender Querbalken) mit der Imitation antiker Inschriften anbringen, wie wir sie zum Beispiel von Triumphbögen kennen, um seiner Bewunderung für das antike Rom Ausdruck zu verleihen. Die Inschrift ist exakt im Stil der antiken Vorbilder gehalten. So werden die dafür typischen Abkürzungen verwendet, ebenso V statt U. Auch Hinweise auf die christliche Zeitrechnung fehlen. Die Inschrift lautet:

URBE ROMA IN PRISTINAM
FORMA(m) (r)ENASCENTE LAUR.
MANLIUS KARITATE ERGA
PATRI(am) (a)EDIS SUO NOMINE
MANLIANAS PRO FORT(un)AR(um)
MEDIOCRITATE AD FOR(um)
IUDEOR(um) SIBI POSTERISQ(ue)
SUIS A FUND(amentis) P(osuit) / AB
URB(e) CON(dita) MMCCXXI L
AN(no) M(ense) III D(ie) II P(osuit) XI
CAL(endas) AUG(ustas)

(Während Rom in seinem ursprünglichen Glanz wiederersteht, hat Lorenzo Manilio, als Zeichen seiner Liebe zu seiner Stadt, dieses Haus, das nach seinem Nachnamen Maniliana heißt, im Rahmen seiner bescheidenen Mittel, im jüdischen Viertel errichtet, für sich und seine Nachkommen im Jahre 2221 seit Gründung Roms [753 v. Chr., also 1468], im Alter von 50 Jahren, 3 Monaten und 2 Tagen. Er begründete das Haus am 11. Tag vor den Kalenden des August [d. h. am 22. Juli].)

Gleich um die Ecke steht ein an die Hausmauer angefügter kleiner halbrunder Bau mit Travertinsäulen im dori-

Via del Portico d'Ottavia 1 D

schen Stil, Eisengittern und einer Kuppel. Es handelt sich dabei um den **Tempietto del Carmelo**. Er wurde 1759 von einer reichen Familie erbaut, um ein – heute nicht mehr erhaltenes – Bild der Santa Maria in Carmine zu schützen. Als der Tempietto immer mehr heruntergekommen war und kurz vor dem Einsturz stand, wurde er 2005 für stolze 97.000 € restauriert.

Die lateinische Inschrift oberhalb der Säulen lautet: GLORIA LIBANI EST EI DECOR CARMELI ET SARON.

Der Satz bezieht sich auf eine Stelle bei Jesaja (35, 1 u. 2): „Aber die Wüste und Einöde wird lustig sein, und das dürre Land wird fröhlich stehen und wird blühen wie die Lilien. Sie wird blühen und fröhlich stehen in aller Lust und Freude. ***Denn die Herrlichkeit des Libanon ist ihr gegeben, der Schmuck Karmels und Sarons.*** Sie sehen die Herrlichkeit des HERRN, den Schmuck unseres Gottes" (www.bibel-online.net).

36

San Giovanni Calibita und die Sacconi Rossi

*** ▲

Einmal im Jahr wird's gruselig

Diese kleine, reich geschmückte Kirche aus dem 17. Jahrhundert steht auf der Tiberinsel und gehört zum Komplex des Krankenhauses Fatebenefratelli. Der Eingang liegt gegenüber dem bekannten Traditionslokal Sora Lella. Leider ist sie fast immer geschlossen; dennoch lohnt sich ein Besuch.

Erst 1994 wurden unter der Kirche und einem Teil des Krankenhauses die Reste eines dem Iupiter Iurarius geweihten römischen Tempels und einer früheren Kirche entdeckt, die allerdings nicht mehr zu sehen sind. Und auch diese Kirche erlebte im Laufe der Jahrhunderte zahlreiche Umbauten und Veränderungen. Ende des 16. Jahrhunderts fand man bei Bauarbeiten unter dem Altar die Gebeine des Giovanni (Johannes) Calibita. 1584 ging die Kirche in den Besitz der Bruderschaft der Barmherzigen Brüder vom heiligen Johannes von Gott (San Giovanni di Dio) über, ein Krankenpflegeorden, der besser bekannt ist unter dem Namen Fatebenefratelli. Mitte des 18. Jahrhunderts wurde die Innenausstattung erneuert. Die rechte Seitentür führt zur Sakristei, die linke ins Krankenhaus.

In der mit üppigem Barockschmuck verzierten ersten Seitenkapelle auf der rechten Seite befindet sich eine berühmte Ikone aus dem 13. Jahrhundert, die Madonna della Lampada (Lampe). Laut einer Legende soll die besagte Lampe bei einem Hochwasser 1557 unter Wasser weitergebrannt haben.

Ein ganz besonderes Erlebnis ist die Prozession der Sacconi Rossi am 2. November, dem Totengedenktag Allersee-

---

Piazza di San Bartolomeo all'Isola 39

Es gibt keine festen Zeiten, aber zur Messe am Sonntag (11 Uhr) kommt man in die Kirche und natürlich bei der beschriebenen Totenfeier am 2. November.

len. An diesem Tag findet am späten Nachmittag zuerst eine Messe statt, dann führt die Prozession der Bruderschaft mit den langen roten Roben hinunter zum Tiber, wo ein Kranz in den Fluss geworfen wird. Anschließend zieht der Zug wieder hinauf und geht zu einem sonst meist verschlossenen Tor (wenn man zu der Basilika San Bartolomeo blickt, auf der linken Seite; Piazza Fatebenefratelli 2). Dahinter verbirgt sich die profanisierte Kapelle des ehemaligen Franziskanerklosters Santa Maria Addolorata dei Sacconi Rossi bzw. Oratorio dei Sacconi Rossi. Anschließend zieht die Prozession hinunter in eine Gruft mit zwei schma-

len, langen und miteinander verbundenen Räumen, in denen hunderte menschliche Schädel und die dazugehörigen Gebeine auf langen Bankreihen und in Nischen an den Wänden ausgestellt sind, dazwischen einige Dutzend entzündete Grabkerzen. Ein Priester segnet in einer kleinen Zeremonie diese Gebeine. Die 1760 gegründete Bruderschaft, zu der auch Frauen gehören (vollständiger Name: Confraternita dei Devoti di Gesù al calvario e di Maria Santissima Addolorata in sollievo delle Anime sante del Purgatorio), hatte es sich zur Aufgabe gemacht, Leichen aus dem Tiber zu bergen, und da gab es damals viele. Weil sich zumeist niemand zuständig fühlte, kümmerten sie sich um ein christliches Begräbnis (→ Santa Maria dell'Orazione e Morte, 26). Dieser Friedhof, eher ein Beinhaus, wurde bis 1836 genutzt, bis Papst Gregor XVI. bestimmte, dass Bestattungen nur noch im → Cimitero Monumentale del Verano (99) stattfinden dürfen.

→ Stichwort: **Giovanni Calibita**

Giovanni Calibita stammt aus einer wohlhabenden Familie in Konstantinopel und lebte im fünften Jahrhundert. Schon früh entschied er sich für die Spiritualität, wurde Mönch und führte ein asketisches Leben. Doch bereute er seinen Entschluss ein paar Jahre später und wollte zurück zu seiner Familie. Als Bettler getarnt blieb er jedoch unerkannt – auch von seiner Familie – und lebte von Almosen. Eines Tages kündigte ihm eine Vision seinen nahen Tod an, da gab er sich seinen Eltern zu erkennen. Kurz darauf starb er im Alter von ca. 25 Jahren. Die Geschichte ist fast identisch mit der des Alexius von Edessa (→ Krypta von Santi Bonifacio e Alessio, 46).

Gedenktag ist der 15. Januar.

37

San Giovanni Decollato

★ ★ ▲

Hier fanden Hingerichtete ihre letzte Ruhe

Diese geheimnisvolle Kirche in der gleichnamigen Straße liegt nur wenige Schritte von der Bocca della Verità entfernt. Sie wurde gegen Ende des 15. Jahrhunderts von der florentinischen Erzbruderschaft San Giovanni Decollato (der geköpfte Johannes der Täufer) an der Stelle einer früheren Kirche, der Chiesa di Santa Maria della Fossa, errichtet, mehrfach umgebaut und restauriert.

Die Bruderschaft hatte es sich zur Aufgabe gemacht, den zum Tode Verurteilten – damals nichts Ungewöhnliches – in ihren letzten Stunden beizustehen und ihnen ein christliches Begräbnis zu ermöglichen. Heute kümmert sie sich um die Angehörigen von Strafgefangenen und zählt auch Frauen zu ihren Mitgliedern. Johannes selbst wurde hingerichtet und ist heute der Patron von Florenz.

Via di San Giovanni Decollato 22

Die Kirche ist normalerweise nicht öffentlich zugänglich, aber man kann Mo, Mi oder Fr (10.30–12 Uhr) telefonisch einen Besuch vereinbaren (+39 66990728). Am 24. Juni, der Tag des Johannes, ist Mo, Mi, Fr von 9.30–12.30 Uhr geöffnet. Tel.: +39 66791890.

Nähere Informationen finden Sie unter www.sangiovannidecollato.org/en/frontpage.

Hinter der ziemlich vernachlässigten Fassade verbirgt sich Erstaunliches. Wenn man durch das kleine Tor links vom Kirchenportal in das Innere gelangt, steht man fast schon in einem wundervollen subtropisch bepflanzten Renaissance-Kreuzgang (spätes 16. Jh.). Im Boden sind einige runde Platten eingelassen, unter denen sich die Grabkammern von Exekutierten befinden, sieben für Männer, eine für Frauen. Die Inschrift darauf lautet: *Domine, cum veneris iudicare, noli me condemnare* (Herr, wenn Du kommst, um zu richten, verdamme mich nicht). Bevor die Todesstrafe abgeschafft wurde, hatte die Bruderschaft das Recht, am 29. August, dem Todestag des Johannes, einem zum Tode Verurteilten die Freiheit zu schenken.

Hinter der Tür auf der gegenüberliegenden Seite führen Stufen in das obere Stockwerk zu den Versammlungsräumen der Bruderschaft. Hier hängen Porträts der Brüder und es gibt eine kleine Bibliothek. Von hier aus gelangt man auch zu der sehr schönen Kirche San Giovanni Decollato mit dem Altarbild von Giorgio Vasari (um 1550). Es zeigt die Enthauptung des Johannes. Der Höhepunkt jedoch ist das Oratorium, das sich parallel hinter der von der Straße aus gesehen linken Seite befindet. Prächtige Fresken schildern das Leben von Johannes dem Täufer.

Zu dem Komplex gehört auch ein kleines Kloster, in dem einige Franziskanerinnen leben.

38

Sant'Eligio dei Ferrari

✶ ✶ ■

Und plötzlich glänzt alles golden

Von → Santa Maria in Cosmedin (40) sind es nur ca. 400 Meter; am Ende der unattraktiven Via San Giovanni Decollato, rechts, etwas oberhalb, hinter einer schmucklosen, unauffälligen und etwas heruntergekommenen unverputzten Backsteinfassade mit der Büste des Namenspatrons befindet sich Sant'Eligio dei Ferrari. Der Name hat nichts mit den schnellen Autos aus Maranello zu tun. Die „Ferrari" sind nichts weiter als Schmiede (von lat. *ferrum* = Eisen, Metall). So gesehen ist auch Enzo Ferrari lediglich Lorenz Schmidt. Die Kirche gehört der Arciconfraternita (Erzbruderschaft) Sant'Eligio dei Ferrari di Roma.

Betritt man die leider nur sehr selten geöffnete Kirche aus dem 16. Jahrhundert, ringt man erst einmal nach Luft, denn die prachtvolle Ausstattung steht im krassen Gegensatz zum Äußeren. Das Innere ist, selbst für römische Verhältnisse, ungewöhnlich reich und zugleich außerordentlich ästhetisch geschmückt. Auf beiden Seiten des Kirchenschiffs mit der gold verzierten schweren Kassettendecke befinden sich je drei hohe Seitenkapellen mit Marmor-Altären.

Nach der dritten Kapelle auf der linken Seite gelangt man zu der Sakristei, einem kleinen Oratorium und zu Räumen der Bruderschaft. Diese können auf Anfrage oder während der Messe besichtigt werden. An der Decke sind in Kassetten die Namen verdienter Brüder eingetragen.

Via San Giovanni Decollato 9

An Sonn- u. Feiertagen zur Messe um 11 Uhr,
es ist aber schon etwas früher geöffnet.
Manchmal auch samstags um 17 Uhr.

→ **Stichwort: Sant'Eligio**

Der heilige Eligius lebte im siebten Jahrhundert in Frankreich. Der gelernte Goldschmied wurde später am königlichen Hof Münzmeister. Er gründete Klöster und Kirchen und wurde im Alter von über 50 Jahren Bischof von Noyon (641). Von ihm wird ein seltsames „Wunder" berichtet. Er soll einem Pferd, das sich gegen das Beschlagen wehrte, die Beine abgeschnitten und dann mit den Hufeisen wieder angefügt haben.

Sant'Eligius ist der Patron all derer, die mit Metallen zu tun haben, also Schmiede, natürlich auch Gold- und Silberschmiede, Schlosser, Uhrmacher, Graveure. Er schützt aber auch Korbmacher, Kutscher, Pferdehändler und Tierärzte.

Gedenktag ist der 1. Dezember, der Todestag des Heiligen.

Bauernregel: Fällt auf Eligius (1. Dezember) ein starker Wintertag, die Kälte vier Monate dauern mag.

40

Die Krypta von Santa Maria in Cosmedin

Viel mehr als „nur“ die Bocca della Verità

Piazza Bocca della Verità 18

Sommer tägl. 9.30–18 Uhr; Winter tägl. 9.30–17 Uhr

Die Bocca della Verità in der Vorhalle der Kirche zählt zu den populärsten Sehenswürdigkeiten Roms. Jeden Tag drängen sich davor die Massen, um ein Foto mit der Hand im antiken „Lügendetektor" zu bekommen. Deutlich weniger Besucher sehen sich die Kirche selbst an und fast unbekannt ist die kleine dreischiffige Krypta aus dem achten Jahrhundert unter der Mitte der Kirche (Eingang auf der linken Seite).

Sechs antike Säulen stützen die Decke auf zwei Seiten, das Baumaterial stammt wohl vom Herkulestempel, der früher hier stand. Die genaue Bestimmung der Krypta ist nicht bekannt, beispielsweise welchem Heiligen sie gewidmet ist, und auch die Wandnischen geben keine Hinweise.

Eine Erklärung, was hier früher aufbewahrt wurde, könnte eine Bleitafel geben, die vor gut hundert Jahren in der Nähe gefunden wurde. Sie trägt diese lateinische Inschrift: *Hic habentur reliquie Apostolorum, de vestibus et corporibus ceterorum sanctorum: S. Tiburtii subdiaconi, S. Avree et Sociorum, S. Ciraci Episcopi et restitute S. Calixti Pape, S. Tiburtii et Valeriani, S. Iuliani m. Ceryni presbyteri, S. Lucine, lapis Stephani, St Felicis Pape, Emerentiane, SS Quadraginta, Maria, de lapide Sancti Sepulcri, Demetri … et ossa aliorum sanctorum.*

Sie gibt einen Hinweis darauf, dass hier die Überreste von etlichen eher wenig bekannten frühen Heiligen und Märtyrern aufbewahrt wurden, darunter auch die vierzig Märtyrer, die einem in Rom immer wieder begegnen, zum Beispiel als Patrone der Kirche Santi Quaranta Martiri e San Pasquale Baylon im Trastevere. Auch zwei Päpste werden genannt: Calixtus und Felix, vermutlich die jeweils ersten dieses Namens aus dem dritten Jahrhundert.

Und dann ist da noch ein Reliquiar mit dem Schädel des heiligen Valentin (Seitenaltar in der Kirche auf der linken Seite). Fraglich ist allerdings, ob es den Patron der Verliebten wirklich gegeben hat oder ob hier mehrere Personen zu einer verschmolzen sind und wessen Schädel tatsächlich hier ausgestellt ist. Das Rätsel wird sich nicht mehr lösen lassen, müssten wir doch mehr über das dritte Jahrhundert wissen. Immerhin hat er uns den Valentinstag am 14. Februar beschert.

41

Fundamente alter Tempel unter San Nicola in Carcere

✶ ●

Die Kirche zwischen zwei Tempeln

Nur ein paar Schritte vom Marcellustheater entfernt, stehen wir vor der Kirche San Nicola in Carcere, die zwischen zwei römische Tempel hineingebaut wurde – leicht zu erkennen, wenn man die Säulen an den beiden Seiten der Kirche vergleicht. Sie sind verschieden groß. Einst stand hier ein Heiligtum mit drei Tempeln, die mit dem in der Nähe gelegenen Tiberhafen in Zusammenhang standen. Die Anfänge der Kirche gehen ins elfte Jahrhundert zurück. Im späten 16. Jahrhundert wurde sie barock umgestaltet.

Auf der linken Seite befindet sich hinter einer Tür der Zugang zum Untergrund. Ein paar Stufen führen zu imposanten massiven Mauerresten unter der Kirche. Es sind die Fundamente von Tempeln, die bis ins dritte Jahrhundert vor Christus zurückreichen und die Janus (der Gott mit zwei Gesichtern), Juno Sospita (die Retterin) und Spes (die Hoffnung) geweiht waren.

Der Janustempel unter dem rechten Seitenschiff der Kirche stammt aus der Zeit um 250 v. Chr., als Rom im ersten der drei punischen Kriege gegen die Karthager kämpfte. Kaiser Tiberius (14–37) ließ ihn restaurieren. Der Tempel der Spes war mit Säulen im dorischen Stil ausgestattet. Der größte und zugleich jüngste ist der in der Mitte gelegene (34 Meter lang, 15 Meter breit, erbaut zu Beginn des 2. Jh. v. Chr.). Hier, unter der Kirche, erkennt man auch noch die zwei schmalen Gassen zwischen den Tempeln.

Via del Teatro di Marcello 46/Via del Foro Olitorio
tägl. außer Mittwoch 10–17 Uhr

Dass Kirchen in und auf antike Tempel gebaut wurden, ist nichts Ungewöhnliches, denn dadurch wurde ein Zeichen gesetzt. Die „stärkere" und „siegreiche" Religion machte ihre Dominanz auch optisch deutlich.

Der Name *carcere* (Gefängnis) rührt übrigens daher, dass im Mittelalter hier ein Kerker war und der heilige Nikolaus auch der Patron der Gefangenen ist.

42

Mithrasheiligtum unter Santa Prisca

Der Lichtgott aus dem Osten

Der Aventin zählt zu den schönsten Wohngegenden in Rom. Das war in der Antike schon so. Deshalb gibt es hier auch eine ganze Menge zu entdecken – zum Beispiel das Mithrasheiligtum unter der Kirche Santa Prisca. Der Eingang befindet sich an der Straße, rechts von der Kirche. Wie so oft wurde auch hier eine Kirche über einem heidnischen Heiligtum errichtet, sichtbares Zeichen dafür, dass die siegreiche Religion über die unterlegene triumphiert.

Zuerst gelangt man in den kleinen Garten, dann führen hinter einer Tür auf der linken Seite Stufen nach unten. Hier befinden sich die Reste eines Wohnhauses aus dem zweiten Jahrhundert, das Teil der Privatvilla von Kaiser Trajan (98–117) gewesen sein könnte. Bei den Ausgrabungen, die seit den 1930er Jahren durchgeführt wurden, kam das Mithräum zutage. Entstanden ist es vermutlich gegen Ende des ersten Jahrhunderts. Um 400 wurde das gesamte Gebäude stark beschädigt, wahrscheinlich im Zuge der Baumaßnahmen für die Kirche.

Nach dem ersten Raum gelangt man in die reich mit Fresken geschmückte Krypta der Kirche aus dem 16. Jahrhundert mit einem Altar in einer Nische. Dann folgt das fast zwölf Meter lange, rechteckig angelegte Tonnengewölbe mit dem Altar. In der Nische auf der rechten Seite steht eine kopflose Statue. Es handelt sich hier um einen der beiden Zwillingsbrüder Cautes oder Cautopates, die

Via di Santa Prisca 11

Am 2. und 4. Samstag im Monat, 10 Uhr für Einzelpersonen, 11 und 12 Uhr für Gruppen.

Nähere Informationen finden Sie unter www.060608.it/en (Mitreo di Santa Prisca).

die aufgehende bzw. untergehende Sonne symbolisieren. Am anderen Ende befindet sich der Mithrasaltar mit der typischen Stiertötungsszene, auch wenn von dem Stier so gut wie nichts mehr erhalten ist. Die große liegende Figur ist wohl der Gott Saturn. Auf der linken Seite sind noch etliche weitere Räume, die zu dem einstigen römischen Haus gehört haben.

43

Circus Maximus

✶✶●

Die römische Formel 1

Jede römische Stadt hatte ein Theater für Schauspiele, meist fälschlich als „Amphitheater" bezeichnet; jede größere Stadt hatte ein wirkliches Amphitheater für Tierhetzen und Gladiatorenspiele (Kolosseum) und jede große Stadt auch einen Circus für Wagenrennen. Der Circus, ganz besonders der Circus Maximus, war Schauplatz der römischen Formel 1. Die Teams trugen ihre speziellen Farben (die Blauen, die Weißen usw.), in denen sie antraten, und die vielen Fans hatten wiederum ihre Lieblingsteams, die sie anfeuerten und auf die sie ihr weniges Geld verwetteten (im Filmklassiker *Ben Hur* findet das berühmteste Wagenrennen der Filmgeschichte statt). Gefahren wurden sieben Runden gegen den Uhrzeigersinn. Die Wagenlenker waren hochbezahlte Vollprofis und wir wissen von Superstars, die über 1000 Siege eingefahren haben. Das letzte Rennen fand übrigens 549 n. Chr. statt.

Auch heutzutage versammeln sich manchmal große Menschenmassen auf diesem Areal: zu politischen Manifestationen oder wenn AS Roma italienischer Meister geworden ist (was nicht allzu oft vorkommt).

Auf beiden Seiten standen große Zuschauertribünen, die durch eine Kurve zu einem langgestreckten U verbunden waren. Gegenüber der Kurve befanden sich die „Boxen" für Start und Ziel. Der Circus erlebte verschiedene Ausbaustufen und man schätzt, dass in der größten bis zu 250.000 Zuschauer dichtgedrängt Platz finden konnten (die unterschiedlichen Schätzungen der möglichen Zuschauerplätze für römische Arenen und den Circus liegen wohl an der unterschiedlich angenommenen durchschnittlichen „Hinternbreite"). Anders als im Kolosseum saßen hier Männer und Frauen, Jugendliche und Alte bunt durcheinander.

Via del Circo Massimo
Di–So 9.30–19 (Sommerzeit) u. 9.30–16.30 Uhr (Winterzeit)

Deshalb empfiehlt der römische Dichter Ovid (43 v. Chr.–18 n. Chr.) in seiner *Ars Amatoria* (Liebeskunst – I, 134–161), jungen Männern, den Circus Maximus als einen der geeignetsten Orte zum „Anbaggern". Zuerst soll man sich sein Objekt der Begierde aussuchen und einen Platz in unmittelbarer Nähe finden. Schließlich muss man ja zwangsläufig „zusammenrutschen", weil es so eng zugeht, ob man/frau nun will oder nicht. Berührungen ließen sich gar nicht vermeiden. Dann folge etwas Smalltalk, am besten über die Rennen, die in Kürze beginnen werden. Alles Weitere werde sich dann schon ergeben …

Der seit einiger Zeit restaurierte Rest der Tribünen lohnt auf jeden Fall einen Besuch und mit ein wenig Fantasie kann man sich das Treiben im Circus gut vorstellen. Hier sind noch die ehemaligen Imbissläden, die Wettbüros und natürlich gab es auch wie überall in der römischen Welt Gelegenheit zu schnellem Sex.

Dass nicht mehr von der riesigen Anlage erhalten ist (Gesamtlänge 600 Meter, Breite 225 Meter), liegt daran, dass im Mittelalter und auch noch später die fein bearbeiteten Steine als günstiges Baumaterial wiederverwendet wurden. Die beiden Obelisken, die einst hier standen, befinden sich heute auf der Piazza del Popolo und bei der Lateranbasilika.

44

San Saba

★ ★ ●

Die nackten Jungfrauen

San Saba bzw. Santi Saba ed Ansano, wie die Kirche mit vollständigem Namen heißt, stammt aus dem siebten Jahrhundert und liegt gegenüber vom Aventin auf der anderen Seite des Viale Aventino. Gründer waren wohl griechische Mönche, die von den islamischen Eroberern aus Jerusalem vertrieben wurden. Das dazugehörende Kloster war wohlhabend und zählte bis ins neunte Jahrhundert zu den wichtigsten „griechischen" Klöstern in Rom und pflegte stets gute Kontakte zum Heiligen Stuhl. Im elften Jahrhundert ging San Saba an die Benediktiner und rund hundert Jahre später an die Cluniazenser. Zu dieser Zeit entstand der heutige Bau, im 15. Jahrhundert folgten weitere Umbauten, vor allem an der Fassade. Damals wurde die Kirche auch dem zweiten Namenspatron geweiht: Ansanus, einem Märtyrer, über den aber nicht viel zu sagen ist. Auf die Cluniazenser folgten die Zisterzienser, schließlich gelangte die Kirche in den Besitz der Jesuiten. Später verfiel sie mehr und mehr und wurde erst um 1910 gründlich restauriert. Zu dieser Zeit war das Gebiet um die Kirche noch unbebaut.

Von der Straße führen ein paar Stufen zu dem Tor, das in den Vorhof führt und den Blick auf die Kirche freigibt. Auffällig ist die ungewöhnliche und unharmonische Fassade. Dicke antike Säulen, hinter denen zahlreiche Spolien (Reste von Skulpturen, Inschriften etc.) angebracht sind, tragen den mittleren Teil, eine fast geschlossene, schmucklose Wand. Darüber erheben sich die Rundbögen der Loggia. Der Kampanile und das eigentliche Kirchenschiff sind dahinter kaum sichtbar.

Die 14 Säulen im Inneren, die die Seitenschiffe abtrennen, stammen von verschiedenen antiken Gebäuden. Die drei roten sind sogar aus dem roten Granit aus dem ägyptischen Assuan, genau wie

---

Piazza Gian Lorenzo Bernini 20

Unter der Woche von 8–12 u. 16–19 Uhr;
an Feiertagen von 9.30–13 u. 16–19.30 Uhr

die Obelisken. Der marmorne Mosaikfußboden wurde im Cosmatenstil (benannt nach der römischen Familie der Cosmati, Marmorkünstler im zwölften bis 14. Jahrhundert) angefertigt. Eine lateinische Inschrift nimmt darauf Bezug: *Ad honorem Domini nostri IHV XRI anno VII pontificatus Domini Innocenti III PP hoc opus Domino Iohanne abbate iubente factum est per manus magistri Iacobi* (Zu Ehren unseres Herrn Jesus Christus wurde dieses Werk im siebten Jahr des Pontifikats des Herren Innozenz III. auf Anordnung des Abtes Johannes mit den Händen des Meisters Jakob geschaffen). Ungewöhnlich ist der offene Dachstuhl. Die Fresken auf der linken Seite (8. bis 13. Jh.) sind zum Teil gut erhalten, besonders das, auf dem der heilige Nikolaus drei nackten jungen Frauen einen Beutel mit Gold schenkt (vielleicht, damit sie sich etwas zum Anziehen kaufen können). Ein weiteres zeigt Maria mit dem Jesuskind und den beiden Patronen dieser Kirche, Saba und Ansanus. In dem Durchgang zur Sakristei sind an den Wänden Fragmente von Fresken mit Szenen aus dem Neuen Testament angebracht.

→ Stichwort: San Saba

Saba (439–532), auch Sabas, wurde schon als Kind Mönch in Kappadokien, in der heutigen Türkei. Später lebte er am Toten Meer und im Kidrontal bei Jerusalem. Mit seinen Anhängern gründete er 483 Mar Saba, das älteste heute noch erhaltene Kloster in Israel, in dem noch stets äußerst strenge Regeln mit rigorosen Fastenvorschriften gelebt werden.

45

Sotterranei von Santa Sabina all'Aventino

✶ ✶ ✶ ■

Am Aventin war schon immer viel los

Santa Sabina ist eine der ganz besonderen Kirchen in Rom. Es ist eine spätantike/frühchristliche Basilika aus dem frühen fünften Jahrhundert. So in etwa muss man sich auch die Basiliken auf dem Forum vorstellen, von denen heute nur noch die Säulenstümpfe eine Vorstellung von Größe und Grundriss vermitteln: die Basilika Aemilia und die Basilka Julia.

Eine der zahlreichen Besonderheiten von Santa Sabina ist die älteste bekannte Kreuzigungsdarstellung. Sie befindet sich ganz oben links auf der hölzernen Eingangstür, in der als Narthex bezeichneten Vorhalle.

Piazza Pietro D'Illiria 1

Kirche: tägl. 7.15–20 Uhr

Die Sotterranei sind nicht öffentlich zugänglich.
Es finden aber regelmäßig Führungen statt,
zu denen man sich anmelden kann
(siehe Liste der einschlägigen Gesellschaften).

Ein Blick in die äußerst faszinierende Kirche muss natürlich sein, aber hier geht es um das, was sich darunter befindet. Hinter der Basilika, auf der Außenseite, geht es tief hinunter ins alte Rom. Bei Ausgrabungen Mitte des 19. Jahrhunderts und nochmal knapp hundert Jahre später wurden zahlreiche Räume freigelegt. Deutlich zu sehen sind auch Reste der servianischen Stadtmauer, aus dem sechsten Jahrhundert vor Christus, die zu der Zeit, als die ältesten Häuser hier errichtet wurden, bereits keine Funktion mehr hatte und durchbrochen werden konnte. Die ältesten Räume gehören zu Häusern aus dem zweiten Jahrhundert vor Christus. Andere stammen aus dem zweiten nachchristlichen Jahrhundert, ebenso wie der dort entdeckte kleine Isistempel. Die zahlreichen altrömischen Graffiti nehmen darauf Bezug.

Santa Sabina hat aber noch eine weitere Attraktion zu bieten. In der Kirche, ganz vorn im rechten Seitenschiff, führen hinter einem Gittertor ebenfalls Stufen nach unten. Ein langer Gang liegt direkt unter den Säulen des Seitenschiffs. Die antiken Säulen in der Seitenwand, die ebenfalls zu einem Tempel gehört haben, möglicherweise einem Junotempel, stützen die Konstruktion. Auf der anderen Seite befinden sich einige kleinere ziemlich schmucklose Kapellen mit Altären, an denen Dominikanermönche beteten. Sie bevorzugten es, allein zu beten und zu meditieren.

46

Die Krypta von Santi Bonifacio e Alessio

✶✶ ■

Nicht jede Krypta ist düster

Der Aventin ist nicht nur eine Oase der Ruhe, sondern auch Ziel vieler Entdeckungen. Eine davon ist die äußerst sehenswerte Krypta von Santi Bonifacio e Alessio, besser bekannt als Sant'Alessio. Wenn man von → Santa Sabina (45) aus weiter den Aventin hochläuft, um an der Piazza Cavalieri di Malta durch das berühmte Schlüsselloch auf den Petersdom zu blicken, kann es passieren, dass man Sant'Alessio gar nicht bemerkt. Diese Kirche ist zwar ziemlich groß, aber etwas zurückgesetzt. Davor, an der Straße, erhebt sich ein großes Vorgebäude, durch das man zu einem ausgedehnten Vorhof gelangt. In der Vorhalle der Kirche befindet sich rechts ein Standbild von Papst Benedikt XIII. (1724–1730).

Die bereits im vierten Jahrhundert gegründete Kirche ist eine Mischung aus den verschiedensten Stilrichtungen, die trotz zahlreicher Umbaumaßnahmen im Laufe der Jahrhunderte erhalten geblieben sind. Der fünfstöckige Kampanile stammt aus dem 13. Jahrhundert, die Fassade aus dem 17. Die letzten Ergänzungen im Inneren wurden im 19. Jahrhundert hinzugefügt. Eine Besonderheit ist die reich geschmückte Cappella di Sant'Alessio, links vom Eingang, mit einer Statue des sterbenden Heiligen. Das vergoldete Holzstück darüber symbolisiert die Stufen, auf denen er starb.

Zu der Krypta gelangt man über einen Treppengang, links neben dem Altar, der von einem kleinen Gittertor verschlossen

---

Piazza di Sant'Alessio 23

8.30–12.30 u. 15.30–18.30 (Winter) bzw. 20 Uhr (Sommer)

Die Krypta ist normalerweise verschlossen, aber wenn man den Priester ausfindig macht und ihn freundlich bittet, bekommt man sicher leicht Zugang.

ist. Diese Krypta, unter dem Altarbereich, aus dem zehnten Jahrhundert ist die einzige in Rom in diesem Stil. Marmorsäulen stützen den hohen Raum, der viel lichter und freundlicher wirkt als andere Krypten dieser Epoche. An der Rückseite, die leicht unterhalb des kleinen Gartens liegt, dringt Tageslicht ein, Fresken aus dem zwölften und 13. Jahrhundert schmücken den Raum. Der Altar liegt direkt unter dem Hauptaltar der Kirche. Hier werden (angeblich) sterbliche Überreste von Thomas Becket, Erzbischof von Canterbury, aufbewahrt. Auch andere Orte, darunter auch die berühmte Kathedrale von Canterbury, bestehen auf der Authentizität ihrer Reliquien.

48

Römische Häuser unter Santa Maria Maggiore

★★★ ■

Finden Sie Bernini

Die mächtige Basilika, eine der Hauptkirchen Roms, hat ihre Anfänge im frühen fünften Jahrhundert. Doch schon wesentlich früher standen hier am Esquilin römische Wohnhäuser. Gleich in der Nähe war ein Markt, das Macellum Liviae. In den 1960er Jahren wurden bei Bauarbeiten, bei denen Probleme der von unten vordringenden Feuchtigkeit gelöst werden sollten, antike Baustrukturen entdeckt. Die folgenden Ausgrabungen gingen bis auf eine Tiefe von sechs Metern.

Um zu den *sotterranei* zu gelangen, geht man in der Kirche rechts zum Eingang des Museums unter der Kirche,

Via Carlo Alberto 47

Zutritt ist nur im Rahmen einer Führung möglich, die in Italienisch oder Englisch angeboten wird. Die Führungen finden regelmäßig meist am Nachmittag statt. Eine Anmeldung ist nicht erforderlich, aber man muss manchmal etwas warten.

zum Museo Storico. Hier sind zahlreiche sakrale Gegenstände (Monstranzen und Gewänder), Reliquien, Gemälde und vieles mehr ausgestellt. Im Museum ganz hinten befindet sich der Eingang zu den *sotterranei*. Unter den beiden Seitenschiffen der Basilika liegen die gut restaurierten antiken Reste mehrerer römischer Häuser aus dem zweiten bis vierten Jahrhundert, also im Wesentlichen die Zeit zwischen Hadrian und Konstantin. Es gibt eine Verbindung, aber aus Gründen der Statik konnte nicht alles, was sich hier unten befindet, ausgegraben werden. Doch das, was zu sehen ist, lohnt sich unbedingt. Reste eines Freskos zei-

gen eine Weinbauszene und einen römischen Kalender. Mosaiken und weitere Fresken, die zum Teil in einem richtiggehend modernen Ornamentstil gemalt sind, deuten darauf hin, dass es sich um ein Haus von sehr wohlhabenden Römern handelte. Der Esquilin war damals, ebenso wie Aventin und Celio, ein Viertel der Reichen. Hinten, unter dem linken Seitenschiff der Basilika, befinden sich Räume, die eher zu einer Kneipe gehört haben müssen, da eine Wand voller Graffiti ist, darunter das berühmte magische *sator*-Quadrat, das von vier Seiten her gelesen werden kann:

SATOR
AREPO
TENET
OPERA
ROTAS

Es haben sich schon viele den Kopf darüber zerbrochen, ob das Quadrat einen echten Sinn ergibt oder es nur eine Spielerei ist. Hauptproblem ist das Wort AREPO. Eine mögliche Übersetzung ist: Der Sämann Arepo hält mit Mühe die Räder.

Die Basilika selbst ist ein gigantisches Kunstmuseum, auf das hier nicht näher eingegangen werden kann. Aber neben diverser Papstgräber liegt, rechts vom Altar, im Boden das bescheidene Grab des großen Bernini. Die Inschrift darauf lautet:

IOANNES LAVRENTIUS BERNINI
DECVS ARTIVM ET VRBIS
HIC HVMILITER QVIESCIT
darunter:
NOBILIS FAMILIA BERNINI
HIC
RESVRRECTIONEM EXPECTAT

(Hier ruht in aller Bescheidenheit die Zierde der Künste und der Stadt [Rom] Gian Lorenzo Bernini – die angesehene Familie Bernini wartet hier auf die Auferstehung.)

Römischer Kalender

VIIDVS
V IDVS
IIII IDVS
III IDVS
PR IDVS
XVII KAL NOV
XVI KAL
KAL

49

Santa Bibiana

✶ ●

Der junge Bernini und die junge Bibiana

Santa Bibiana liegt an der Via Giolitti, die unterhalb des Bahnhofs Termini entlangläuft, eine wenig attraktive Gegend Roms. Aber dann kommt eben auf der linken Seite die kleine Kirche mit einer hübschen Gartenanlage. Sie wird fast erdrückt von der übermächtigen Bahnhofsarchitektur.

Die ursprüngliche viel ältere Kirche, unter der das Haus der Familie von Bibiana gewesen sein soll, wurde im 17. Jahrhundert erneuert. Der junge, erst 26-jährige, Bernini führte den Auftrag aus. Es war sein erstes großes Werk. Er schuf eine zweistöckige Portikusfassade, also eine Art

Via Giovanni Giolitti 154
Wochentags 7.30–10 u. 16.30–19.30 Uhr;
Sonn- u. Feiertags 7.30–12.30 u. 16.30–19.30 Uhr

Petersdom in klein. Im Inneren befinden sich, wie so oft in römischen Kirchen, antike Säulen. Links vom Haupteingang sieht man in einem geschmiedeten eisernen „Käfig" den Rest der Säule, an der Bibiana gemartert worden sein soll.

Die Fresken, oben in den Seitenschiffen, zeigen Szenen aus dem Leben der Heiligen. Interessant ist, dass die Märtyrer in der Art antiker Figuren gezeigt werden, was stilprägend in der römischen Kirchenmalerei wurde.

Den Hauptaltar hat Bernini geschaffen und die Statue der heiligen Bibiana von 1626 ist eine seiner ersten bedeutenden Statuen. Durch einen Lichtschacht wird sie besonders hervorgehoben. Die Alabasterurne mit den sterblichen Überresten Bibianas wurde ebenso wie die ihrer Mutter und ihrer Schwester Demetria in den Altar eingefügt.

→ Stichwort: Santa Bibiana

Bibiana lebte im vierten Jahrhundert unter Kaiser Julian Apostata (361–363). Julian Apostata (der Abtrünnige) wollte zurück zur alten römischen Religion und zu ihrer Offenheit und Toleranz, die den monotheistischen Religionen abgeht. Doch bevor er seine Pläne umsetzen konnte, fiel er im Alter von ca. 30 Jahren im Kampf gegen die Perser in Asien. Bekannt wurde er vor allem für die schrecklichen Christenverfolgungen, die er im Sinne seines Ziels durchführen ließ. Die arme Bibiana wurde so lange gefoltert, bis sie starb.

Santa Bibiana ist Patronin gegen Kopfweh, Krämpfe, Epilepsie, Trunksucht und Unfälle.

Bauernregel: Wenn's regnet am Bibianatag (2. Dezember), regnet's vierzig Tag und eine Woche danach.

50

Archäologischer Bereich von Santa Croce in Gerusalemme

★ ★ ■

Ein Amphitheater, ein Circus und schöne Fresken

Piazza Santa Croce in Gerusalemme 10

Der gesamte archäologische Bereich ist nicht öffentlich zugänglich, aber es werden Führungen angeboten, zu denen man sich anmelden kann. Diese finden für gewöhnlich am 1. und 3. Samstag im Monat um 10.15 Uhr statt, Tel. +39 639967700. Die Besichtigung dauert gut eine Stunde.

Weitere Informationen finden Sie hier: www.soprintendenzaspecialeroma.it/schede/comprensorio-archeologico-di-santa-croce-in-gerusalemme_3034 sowie unter www.coopculture.it.

Santa Croce zählt zu den wichtigsten Kirchen in Rom, werden hier doch die berühmten Kreuzreliquien aufbewahrt, wegen derer viele Pilger hierherkommen. Außerdem zählt sie zu den sieben Kirchen, die ein Pilger in Rom besucht haben muss (die anderen sechs sind: San Pietro in Vaticano, San Paolo fuori le Mura, → San Giovanni in Laterano (61), → Santa Maria Maggiore (48), → San Lorenzo fuori le Mura (98) und San Sebastiano fuori le Mura).

Weniger bekannt ist, dass sich rund um die Kirche ein weitläufiges archäologisches Areal befindet, in dem es viel zu sehen gibt.

Beginnen wir mit dem Garten, der hinter einem schmiedeeisernen Tor rechts von der Kirche liegt. Hier war einst der Gemüse- und Obstgarten des erst 2011 aufgelösten Zisterzienserklosters, um dessen langsames Ende sich viele Gerüchte um Skandale und hohe Schulden ranken.

Der früher verwilderte Garten wurde inzwischen von einem Landschaftsgärtner in Ordnung gebracht. Bevor Mönche ihn einst anlegten, befand sich an dieser Stelle ein Amphitheater, das Amphitheatrum Castrense, kleiner als das Kolosseum, aber dennoch interessant, weil es ein reiner Ziegelbau war. Die Maße waren durchaus stattlich: 88 x 75 Meter. Eindrucksvolle Reste der Außenmauer sieht man am Viale Castrense. Sie erinnern ein wenig an die Bauweise des Pan-

theons. Das meist mit ca. 3500 Sitzplätzen angegebene Fassungsvermögen erscheint gemessen an der Größe des Theaters deutlich zu niedrig, es sei denn, es wurde vom kaiserlichen Hof nur mehr oder weniger „privat" genutzt. Der Name Castrense geht wohl auf ein hier gelegenes Hoflager zurück, das neben dem Sessorium lag, einem kaiserlichen Palast. Der Bau stammt vermutlich aus der Zeit nach 200 n. Chr., was aber nicht mit absoluter Sicherheit geklärt ist, da die sonst immer üblichen Stempel auf den Ziegeln fehlen, mit denen Datierungen und Herkunft erkennbar waren. Noch bis zum 16. Jahrhundert waren die drei Ränge weitgehend erhalten, bis sie unter Papst Pius IV. abgetragen wurden und der verbleibende Rest zu einer Wehrmauer umfunktioniert wurde.

Reste der Außenmauer des Amphitheatrum Castrense sieht man am Viale Castrense

Auf der anderen Seite der Kirche gelangt man zu den Resten des Circus Varianus, einer weiteren riesigen Pferderennbahn (ursprünglich 630 Meter lang und 125 Meter breit). Die Anlage stammt wie auch das Theater aus der Epoche der Severer (die erste „afrikanische" Dynastie auf dem Kaiserthron, ab 193 n. Chr.) und wurde wohl unter dem, vorsichtig gesagt, exzentrischen Kaiser Elagabal (218–222 n. Chr.) fertiggestellt. Auch der Name Varianus geht auf diesen Kaiser zurück, denn eigentlich hieß er Sextus Varius Avitus Bassianus.

Ebenfalls aus der Epoche der Severer (Anfang 3. Jh.) stammt das sogenannte Sessorium (vermutlich von lat. *sedere* = sitzen, sich aufhalten). Es handelt sich dabei um einen großen Villenkomplex, der später in der konstantinischen Epoche, hundert Jahre später, von der heiliggesprochen Mutter des Kaisers Konstantin des Großen, Helena, restauriert und umgebaut wurde. Die dazugehörige Thermenanlagen, von der noch die Zisterne erhalten ist, nannte man entsprechend die „Thermen der Helena".

Weiter hinten, links, direkt hinter der Aurelianischen Stadtmauer, sind unter einer schützenden Dachkonstruktion die Fundamente von Häusern aus der konstantinischen Zeit mit eindrucksvollen Fußbodenmosaiken zu sehen. Die stattlichen Häuser besaßen mindestens ein Obergeschoss. Wegen der zwei Mosaikporträts, die einen Mann und eine Frau darstellen, nennt man das linke Haus auch Casa dei Ritratti, „Haus der Porträts" (Fläche 278 m^2), während das kleinere rechte „Haus des Brunnens" genannt wird (Fläche 176 m^2).

Die großen Mauerreste zwischen hier und der Kirche gehören zu einer Basilika, einer Gerichtshalle, die man auch als Venustempel bezeichnet, weil dort eine Statue der Göttin gefunden wurde, die heute in den Vatikanischen Museen steht. Als „Venus" Modell gestanden hat Gnaea Seia Herennia Sallustia Barbia Orbiana, die Gattin von Kaiser Alexander Severus (222–235 n. Chr.). Rund um die eindrucksvollen Mauerreste kann man diverse historische Panzer bewundern, da sich hier auch das Infanteriemuseum befindet (bei Interesse: Mo–Sa 9–13 Uhr; Eintritt frei). Auf den jeweiligen Tafeln steht, wo und wann die Panzer eingesetzt wurden. Martialische Sprüche auf Steintafeln sollen wohl Respekt vermitteln (z. B.: *l'Italia deve essere non solo rispettata ma anche temuta* – Italien muss nicht nur geachtet, sondern auch gefürchtet werden).

Wieder außerhalb des Areals, ein paar Schritte in Richtung Porta Maggiore, befindet sich hinter Gitterzäunen ein 1982 bei Bauarbeiten entdecktes römisches Haus. Es stammt aus dem zweiten Jahrhundert nach Christus. Eine moderne Eisentreppe führt hinunter auf das Straßenniveau des alten Rom. Unten angelangt kann man sehr gut erhaltene Fresken und einen Mosaikfußboden mit Swastiken bewundern – ein Symbol, das ursprünglich Glück symbolisierte, aber durch die Verwendung der Nazis als „Hakenkreuz" eine negative Bedeutung erfahren hat.

51

Ninfeo di Alessandro/Trofei di Mario

Wasser für alle

Die 20 Meter hochragende Ruine in der Nordwestecke der Piazza Vittorio Emanuele war ursprünglich ein monumentaler Brunnen und zugleich ein Trinkwasserverteiler. Ein Ninfeo oder Nymphäum ist ein Brunnenheiligtum, das den Nymphen geweiht ist. Es gab zahlreiche Nymphen, die als weibliche sterbliche Naturgeister in der Natur zum Beispiel Bäume, Quellen, Wälder etc. personifizierten. Das Wasser kam aus einer Abzweigung der Aqua Julia. Die eine Bezeichnung Trofeo di Mario bezieht sich auf zwei hier gefundene Marmorskulpturen, die irrtümlich Gaius Marius (157–86 v. Chr.) zugeschrieben wurden, jedoch aus dem späten ersten Jahrhundert nach Christus stammen und sich heute am Kapitol befinden. „Alessandro" geht auf den Erbauer zurück, den aus dem Libanon stammenden Kaiser Severus Alexander (222–235 n. Chr.). Das dreistöckige Bauwerk selbst stammt aus dem Jahr 226. Von der ursprünglich reichen Marmordekoration der Fassade, auf die die zahlreichen Löcher für die Halterungsklammern hinweisen, ist leider nichts mehr erhalten, dennoch handelt es sich um ein imposantes Monument. Anhand der Darstellung auf Münzen aus der Zeit lässt sich das ungefähre Aussehen rekonstruieren. Der Zaun, der das Monument umgibt, stört kaum und man sieht auch von außen alles, nur wenn man auch die → Porta Alchemica (52), direkt daneben, aus nächster Nähe sehen will, muss man sich für eine Besichtigung anmelden.

Piazza Vittorio Emanuele II

Für eine Besichtigung anmelden können Sie sich unter www.sovraintendenzaroma.it/i_luoghi/roma_antica/monumenti/trofei_di_mario.

52

Porta Alchemica

★★★ ● ■

Ein Tor und ein möglicher Thriller

Zu den seltsamsten und geheimnisvollsten Monumenten in Rom zählt sicherlich die Porta Alchemica (auch Porta Magica genannt) in der Nordwestecke der Piazza Vittorio Emanuele, direkt neben dem → Ninfeo di Alessandro (51). Es handelt sich um das einzige übrig gebliebene von einst fünf Toren der ehemaligen Villa Palombara. Sie wurde von Massimiliano Palombara, Marchese di Pietraforte (1614–1680), Mitte des 17. Jahrhunderts erbaut und gegen Ende des 18. Jahrhunderts abgerissen.

Palombara hatte, wie viele in dieser Zeit, ein Faible für Alchemie. Ein Traum der Alchemisten war es, aus unedlen Metallen Gold herzustellen. Ein „Nebenprodukt" dieser Zeit ist übrigens Porzellan, das Johann Friedrich Böttger am sächsischen Hof bei vergeblichen Versuchen, Gold zu gewinnen, entdeckte, weshalb man es auch „weißes Gold" nennt. Auch Christina von Schweden war von dieser esoterischen Wissenschaft fasziniert und Teil des Kreises um Palombara.

Der Marchese gehörte auch dem Rosenkreuzer Orden an, der auf den Okkultisten Christian Rosenkreuz aus dem 15. Jahrhundert zurückgehen soll (andere Quellen bezeichnen Rosenkreuz als fiktive Person und vermuten Thomas a Kempis (ca. 1380–1471) oder den mallorkinischen Gelehrten Ramon Llull (ca. 1232–1316) hinter dieser Person).

Der mysteriöse Giuseppe Francesco Borri (eigentlich Giustiniani Bono), der

---

Piazza Vittorio Emanuele II

Es finden regelmäßig Führungen statt, zu denen man sich anmelden kann (→ Liste der Organisationen in der Gebrauchsanleitung). Wenn man allein oder zu zweit ist, kann man auch direkt zum Treffpunkt kommen. In der Regel ist es kein Problem, sich spontan einer Führung anzuschließen.

Die offizielle Seite der Stadt Rom hat auch in Englisch zu fast allen Orten aktuelle Hinweise auf Führungen und kurze allgemeine Informationen www.060608.it/en. Man sieht die Porta Alchemica aber auch sehr gut von außen.

früher schon einmal von der vatikanischen Behörde des Sant'Uffizio, der Inquisitionsbehörde, wegen Ketzerei und Giftmischerei in einen Kerker gesperrt und deswegen auch aus dem Jesuitenkollegium geworfen worden war, war ebenfalls an dem Bau dieses Tores beteiligt. Ebenso der große Gian Lorenzo Bernini sowie der deutsche Universalgelehrte Athanasius Kircher.

Einer Legende nach soll Borri, als er Gast in der Villa war, auf der Suche nach einem Kraut, das zur Herstellung von Gold benutzt werden konnte, durch das Tor gegangen und fortan verschwunden sein. Hinterlassen habe er nur ein Manuskript mit seltsamen Zeichen, die niemand erklären konnte. Es gibt vermutlich einen Zusammenhang mit dem legendären *Voynich*-Manuskript (nach dem Büchersammler Wilfrid Voynich benannt, der es 1912 entdeckt hat), das sich im Besitz Kirchers befunden haben muss. Dieses Buch aus dem 15. Jahrhundert ist voll von Zeichnungen und magischen Symbolen. Bis heute konnten weder Wissenschaftler noch Computer die Schrift entschlüsseln und den Text lesen.

Auch an der Porta Alchemica sind zahlreiche Inschriften und Symbole angebracht. Über dem zugemauerten Portal befindet sich eine steinerne Scheibe mit einem doppelten Dreieck, ähnlich dem Davidstern, und einer kreisförmigen Inschrift: TRI SVNT MIRABILIA DEVS ET HOMO MATER ET VIRGO TRINVS ET VNVS (Es gibt drei wunderbare Dinge: Gott und den Menschen, die Mutter und die Jungfrau, das eine und die drei zusammen). Um einen inneren Kreis unter einem Kreuz steht: CENTRVM IN TRIGONO CENTRI (Der Mittelpunkt ist im Dreieck des Mittelpunktes des Kreises). Oberhalb des Tores ist in Hebräisch zu lesen: רוהאלרים (Ruah Elohim; dem göttlichen Geist). Darunter, wieder auf Lateinisch: HORTI MAGICI INGRESSVM HESPERIVS CVSTODIT DRACO ET SINE ALCIDE COLCHICAS DELICIAS NON GUSTASSET IASON (Der Drache der Hesperiden bewacht den magischen Garten und ohne Alkides [= Herkules] hätte Jason die Köstlichkeiten Colchis' nicht gekostet). Auf der linken Seite stehen unter den Symbolen der Götter Saturn, Mars und Merkur die folgenden Inschriften:

♄ (Saturn = Blei)
QUANDO IN TVA DOMO NIGRI
CORVIPARTVRIENT ALBAS
COLVMBAS TVNC VOCABERIS
SAPIENS
Wenn in deinem Haus
schwarze Krähen/Raben
weiße Tauben zur Welt bringen
dann kannst du dich weise nennen.

♂ (Mars = Eisen)
QUI SCIT COMBVRERE AQUAET
LAVARE IGNE FACIT DE TERRA
CA-ELVMET DE CAELO TERRAM
PRE-TIOSAM
Wer mit
Wasser Feuer machen
und mit Feuer waschen kann,
macht aus der Erde
den Himmel
und aus dem Himmel
wertvolle Erde.

☿ (Merkur = Quecksilber)
AZOT ET IGNIS DEALBANDO
LATONAM VENIET
SINE VESTE DIANA
Wenn Azoth* und Feuer
Latona**
weiß färben
kommt Diana ohne Kleid.

** Azot – Vorstufe zum Stein der Weisen bei den Alchemisten*
*** Latona – Geliebte des Zeus, Muttervon Artemis und Apoll*

Auf der rechten Seite befinden sich Jupiter, Venus und Sol (Sonne).

♃ (Jupiter = Zinn)
DIAMETER SPHERAE THAV
CIRCVLI CRVX ORBIS NON ORBIS
PROSVNT

Der Durchmesser der Sphäre,
das Tau im Kreis,
das Kreuz des Globus
wird den Blinden nicht nützen.
♀ (Venus = Bronze)
SI FECERIS VOLARE TERRAM
SVPER CAPVT TVVM EIVS PENNIS
AQVAS TORRENTVM CONVERTES
IN PETRAM
Wenn du die Erde
über deinem Haupt
fliegen lässt,
kannst du mit ihren Flügeln
Sturzbäche
in Stein verwandeln.
⊙ (Sol = Gold)
FILIVS NOSTER MORTVVS VIVIT
REX AB IGNE REDIT ET CONIVGIO
GAVDET OCCVLTO
Unser toter
Sohn lebt,
kehrt als König aus dem Feuer zurück
und freut sich
über eine okkulte Vermählung.

Unten steht:
SI SEDES NON IS
(Wenn du sitzt, gehst du nicht; die Inschrift kann aber auch, ein quasi Pallindrom, rückwärts gelesen werden. Dann heißt es: Wenn du nicht sitzt, gehst du.)

Darunter:
EST OPVS OCCVLTVM VERI SOPHI
APERIRE TERRAM
VT GERMINET SALVTEM PRO
POPVLO
(Es ist das geheime Werk des wahren
Weisen, die Erde zu öffnen,
dass es die Rettung für das Volk
sprießen lässt.)

Auf beiden Seiten des Tores steht je eine Statue des ägyptischen Schutzgottes Bes. Er soll seine Anhänger nachts vor gefährlichen Tieren, besonders aber vor Schlangen, geschützt haben. Außerdem war er Beschützer von Schwangeren und Neugeborenen.

Eine seltsame Tatsache ist, dass Kircher am 27.11.1680 und Bernini sowie der Marchese Palombara am 28.11.1680 gestorben sind. Bis heute gibt es Spekulationen, dass Borri sie vergiftet haben könnte, damit sie ihr Wissen mit ins Grab nehmen.

53

Der Dolabella-Bogen und San Tommaso in Formis

★ ■

Beim Sklavenbefreier

Wenn man auf dem Celio (Caelius-Hügel) von Santi Giovanni e Paolo die schmale Via di San Paolo della Croce weitergeht, kommt man kurz vor dem Dolabella-Bogen zu einem unscheinbaren Tor auf der rechten Seite. Dahinter verbirgt sich die kleine Kirche San Tommaso in Formis. Allerdings ist dieses Tor nur der Zugang zu einem schönen kleinen Garten, zur Kirche sind es noch ca. 50 Meter.

Die Ursprünge reichen zurück ins elften Jahrhundert, als in diesem Areal ein Benediktiner-Kloster gegründet wurde. Der Eingang zu dem (ehemaligen) Kloster befindet sich auf der anderen Seite des Dolabella-Bogens.

Auf der anderen Seite des Bogens befindet sich ein Portal aus dem zwölften Jahrhundert. Darüber ist ein rundes Mosaik aus derselben Zeit zu sehen. Es zeigt Christus und zwei von ihren Fesseln befreite Sklaven, einen weißen und einen dunkelhäutigen. Das Portal trägt die lateinische Inschrift: MAGISTER IACOBVS CVM FILIO SVO COSMATE FEC HOC OPVS (Meister Jacobus hat zusammen mit seinem Sohn Cosmas dieses Werk geschaffen). Bei dem Mosaik steht in goldenen Lettern geschrieben: SIGNVM ORDINIS SANCTAE TRINITATIS ET CAPTIVORVM (Wappen des Ordens der Heiligen Dreifaltigkeit und der Gefangenen/Sklaven).

Bereits 1207 übergab Papst Innozenz III. (1198–1216) Giovanni de Matha, dem Gründer des Trinitarierordens, Kloster und Kirche. Da sich die Trinitarier aber auf die „falsche Seite" schlugen – sie unterstützten den Gegenpapst Clemens VII. – wurden sie 1389 von Papst Bonifaz IX. aus Rom vertrieben und die gesamte Anlage gehörte fortan zum Vatikan. Im 17. Jahrhundert fanden

Via di San Paolo della Croce 10
Sa u. So 9.15–12.30 Uhr

+ SIGNVM · ORDINIS · SANCTAE · TRINITATIS · ET · CAPTIVORVM

umfangreiche Umbauten und Restaurierungen statt. Erst 1898 erhielten die Trinitarier die Kirche zurück.

Hinter der schlichten Fassade der kleinen Kirche liegt ein ebenfalls schlicht geschmückter Innenraum.

Wenn man zum Eingangstor zurückgeht, findet man kurz vor dem Ausgang auf der linken Seite eine Tür. Durch die geht es hindurch und eine Wendeltreppe hinauf. Im Freien folgen noch ein paar Stufen und dann gelangt man über den Dolabella-Bogen zu einem kleinen Raum mit einem Altar. In diesem Raum verbrachte Giovanni de Matha die letzen Jahre bis zu seinem Tod (1213).

Der **Dolabella-Bogen** war eines der Tore der Servianischen Mauer aus dem vierten Jahrhundert vor Christus. Er wurde im zehnten Jahrhundert nach Christus unter der Herrschaft des Augustus von den Konsulen P. Cornelius Dolabella und C. Iunius Silanus restauriert, was wir durch die nachfolgende, stark verwitterte lateinische Inschrift wissen. Unter Nero wurde die Wasserleitung Aqua Claudia in den Bogen integriert.

P CORNELIVS P F DOLABELLA
C IVNIVS C F SILANVS FLAMEN
MARTIAL[IS]
CO[N]S[ULES]
EX S[ENATVS] C[ONSULTO]
FACIVNDVM CVRAVERVNT
IDEMQVE PROBAVER[VNT]

(Die Konsulen Publius Cornelius Dolabella, Sohn des Publius und
Gaius Iuius Silanus, Sohn des Gaius,
Priester des Mars,
ließen gemäß dem Senatsbeschluss
die Arbeiten ausführen und
überwachten sie.)

→ Stichwort: Giovanni de Matha

Die Biografie des Giovanni ist eng verbunden mit den kriegerischen Auseinandersetzungen Roms mit den Moslems, die immer weitere Teile des Mittelmeerraumes unter ihre Kontrolle brachten, Menschen in die Sklaverei führten und vor keinen Grausamkeiten zurückschreckten. Die Angst vor den plündernden und mordenden Sarazenen war allgegenwärtig.

Giovanni de Matha wurde ca. 1160 in Südfrankreich geboren. Er stammte aus sehr wohlhabenden Verhältnissen, studierte in Paris Theologie und wurde zum Priester geweiht. Bei einer Messe hatte er eine Vision. Er sah Christus, der zwei Sklaven oder Gefangene befreite, einen Weißen und einen Dunkelhäutigen, und verstand dies als Aufforderung, sich um die Befreiung der vielen von den Sarazenen in die Sklaverei verschleppten Christen zu kümmern. Der von ihm gegründete Trinitarierorden hatte im Freikauf von Christen, die in die Hände der Moslems gefallen waren, seine wichtigste Aufgabe. Zweimal reiste Giovanni selbst nach Nordafrika, um befreite Sklaven nach Europa zurückzubringen. Er wurde 1666 heiliggesprochen. Der Orden ist heute weltweit tätig und kümmert sich um in Not geratene Christen.

Der Dolabella-Bogen

54

Santa Francesca Romana und Kreuzgang

★★●

(Kreuzgang ■)

Die Knieabdrücke des Petrus und das lesende Skelett

Neben den mächtigen Resten der Maxentius-Basilika im Forum Romanum erhebt sich die Fassade der Kirche Santa Francesca Romana. Um hineinzugelangen, muss man aber das Forum verlassen und, vom Kolosseum aus gesehen, gleich links einen kleinen Anstieg von der Via dei Fori Imperiali entlanggehen.

Die Kirche stammt ursprünglich aus dem neunten Jahrhundert und wurde auf den Mauern eines noch älteren Oratoriums, das Petrus und Paulus geweiht war, und Resten des Doppeltempels für Roma und Venus errichtet. Nach der Zerstörung von → Santa Maria Antiqua (55) durch die Folgen eines Erdbebens im Jahre 847 sollte sie als Ersatz dienen. Daher der ursprüngliche Name Santa Maria Nuova. Mehrere Umbauten folgten im Lauf der Jahrhunderte. Im 13. Jahrhundert wurde der schöne Glockenturm errichtet, die heutige Fassade stammt aus dem frühen 17. Jahrhundert.

Der Name geht zurück auf die Heilige Francesca Romana, deren sterbliche Überreste in der Krypta ruhen.

Das Innere der Kirche mit je vier Seitenkapellen und einer schweren Kasset-

Piazza di Santa Francesca Romana, 4
tägl. 10–12 u. 15–17 Uhr

tendecke ist eher unspektakulär. Interessant ist allerdings der Altaraufbau. In der Mitte befindet sich der äußere Teil des Grabes der Heiligen. Darüber der Hauptaltar unter einer mit prachtvollen Mosaiken geschmückten Apsis mit einem Marienbild aus dem sechsten Jahrhundert. Zur Krypta gelangt man auf der Höhe des Altars jeweils links oder rechts. Hinter einer Glasplatte sind der Schädel und der bekleidete Leichnam der Francesca zu erkennen, der ein Buch in den skelettierten Händen hält.

Im rechten Querschiff befindet sich das Grab von Papst Gregor XI. (1370–1378), der 1376/77 den Papstsitz von Avignon nach Rom zurückverlegt hat.

In der Sakristei ist eines der ältesten Marienbildnisse zu sehen, das Glycophilusa genannt wird (6. Jh.), „die Zärtliche", ein häufiges Motiv, das Maria zeigt, wie sie das Jesuskind liebevoll an die Wange drückt. Es stammt aus → Santa Maria Antiqua (55).

Ein Kuriosum sind die in der Südwand (vom Eingang aus rechts) hinter kleinen Gittern eingefügten Knieabdrücke des Petrus. Die Geschichte dazu lautet folgendermaßen:

Ein gewisser Simon Magus (der Magier), der auch als erster Häretiker (Abweichler von der offiziellen Lehre) gilt, wollte Petrus und Paulus seine Kräfte demonstrieren und schwebte in der Luft. Die beiden Apostel fielen auf die Knie, um zu beten. Daraufhin stürzte Simon Magus ab, brach sich beide Beine und starb wenig später.

Zu der Kirche gehört auch ein eindrucksvoller Kreuzgang, der allerdings nur innerhalb des Forum Romanum zu erreichen ist. Der Eingang befindet sich auf der Höhe des Titusbogens. Hier befindet sich der Sitz der Sopraintendenza, der Verwaltung der antiken Schätze. Da der Kreuzgang eigentlich nicht zugänglich ist, kommt man offiziell auch nicht dorthin. Wenn man an der Pforte aber freundlich nach der Toilette fragt, führt der Weg automatisch an ihm vorbei. Dieser in seinem Ursprung mittelalterliche, quadratisch angelegte Kreuzgang mit kleinen runden Säulen unterscheidet sich von anderen insbesondere durch die sehr hohe doppelte Loggia mit den für Renaissance-Kreuzgänge typischen achteckigen Säulen.

→ Stichwort: Santa Francesca Romana
Franziska stammte aus einer römischen Adelsfamilie. Sie wurde 1384 geboren. Schon als Elfjährige wurde sie von ihrem Vater verheiratet, wohl um ihre mystischen und kirchlichen Anwandlungen zu unterdrücken. Die Ehe währte 40 Jahre, sie gebar sechs Kinder. Es war eine unruhige Zeit, in der sich Rom noch nicht von seinem Niedergang erholt hatte. Krankheiten und Seuchen, vor allem die Pest, rafften viel Menschen dahin. Daher machte es sich Franziska zur Aufgabe, sich um Kranke zu kümmern und sie zu pflegen und entwickelte dabei offensichtlich viel Geschick. Nach dem Tod ihres Mannes folgte sie schließlich doch noch ihrer eigentlichen Berufung und wurde Nonne. Es heißt, sie habe immer wieder Visionen gehabt. Sie starb am 9. März 1440. 1608 wurde sie heiliggesprochen.

Franziska ist die Patronin der Stadt Rom, daher der Beiname „Romana", der Frauen und der Autofahrer. Jedes Jahr am 9. März, ihrem Gedenktag, findet in der Via dei Fori Imperiali eine Autofahrer-Prozession statt, um den Segen der Heiligen zu empfangen.

Bauernregel: Wenn an Franziska sich Sonne einstellt, soll der Bauer bald auf sein Feld.

Kreuzgang der Kirche Santa Francesca Romana

55

Santa Maria Antiqua

** ●

Die „Sixtinische Kapelle der Antike"

Santa Maria Antiqua ist seit Kurzem zur Besichtigung freigegeben. Diese Kirche aus dem fünften Jahrhundert, eine der ältesten, wenn nicht sogar die älteste Marienkirche überhaupt, wurde in einem noch viel älteren Gebäude unterhalb des Palatin im Bereich des Forum Romanum eingerichtet. Dieses wurde vermutlich Ende des ersten Jahrhunderts errichtet. In der Folge eines Erdbebens im Jahre 849 (anderen Quellen zufolge 847), bei dem durch die Erschütterungen Teile des Palatins abstürzten, wurde die Kirche zum großen Teil verschüttet und geriet nach und nach in Vergessenheit. Eine im 13. Jahrhundert auf den Ruinen errichtete Kirche namens Chiesa di Santa Maria Liberatrice wurde 1902 abgerissen, um Platz zu schaffen für die Ausgrabungen.

Die auch architektonisch interessante Basilika mit den von korinthischen Säulen gestützten hohen Seitenschiffen besticht durch die außergewöhnlichen Fresken. Die Times sprach gar von der „Sixtinischen Kapelle des 8. Jahrhunderts". Von ursprünglich 1000 m² sind noch gut 250 m² erhalten. Sie werden auf die Zeit zwischen dem sechsten und neunten Jahrhundert datiert, wurden mehrfach übermalt und sind stark byzantinisch beeinflusst.

Besonders interessant ist das linke Seitenschiff. Hier sieht man oben Szenen aus dem Alten Testament. Darunter Christus sitzend zwischen Päpsten und Heiligen. Links neun Heilige und Ge-

---

im Bereich des Forum Romanum

tägl. 8.30–15.30/18.15 (nach Jahreszeit gestaffelt)

Mit Spezialticket „Foro-Palatino Super". Nähere Informationen finden Sie unter www.parcocolosseo.it/en/visit/opening-times-and-tickets.

lehrte der griechischen Kirche, darunter Erasmus, Athanasius und Kyrill. Rechts elf der lateinisch-römischen Kirche, darunter die Päpste Gregor der Große und Silvester. An der hinteren Wand eine Kreuzigungsszene, in der Christus, anders als sonst, voll bekleidet ist. Dieses mönchsartige Gewand entspricht der byzantinischen Tradition.

Im Hauptschiff, rechts, neben der Apsis, ist die älteste bekannte Darstellung einer gekrönten, reich geschmückten Madonna als Himmelskönigin mit dem Jesuskind.

56

San Lorenzo in Miranda

✱✱ ■

Kaiser Antoninus Pius und die Apotheker

San Lorenzo in Miranda ist eine Kirche, an der jeder Rombesucher schon vorbeigelaufen ist, ohne sie womöglich als solche wahrzunehmen. Sie befindet sich auf dem Forum Romanum, der Eingang liegt aber außerhalb, und ein Besuch lohnt sich unbedingt.

Wenn man auf dem Forum vom Titusbogen zum Septimius-Severus-Bogen geht, kommt man auf halbem Wege auf der rechten Seite zu einer eindrucksvollen Tempelfassade mit zehn monolithischen, 17 Meter hohen Marmorsäulen (der Marmor stammt von der griechischen Insel Euböa), die oben folgende Weihinschrift trägt: DIVO ANTONINO ET DIVAE FAUSTINAE EX S(ENATVS) C(ONSVLTO) (Dem göttlichen Antoninus und der göttlichen Faustina gemäß dem Beschluss des Senats). Die ursprüngliche Bausubstanz ist nämlich ein Tempel aus dem zweiten Jahrhundert, der Kaiser Antoninus Pius und seiner Gattin Faustina geweiht war.

Bereits im siebten Jahrhundert wurde aus dem Tempel eine Kirche. Erst im elften Jahrhundert wurde sie als San Lorenzo in Miranda geweiht. Der Name kommt entweder von dem Blick, den man auf das Forum hat (lat. *mirari* – betrachten) oder könnte möglicherweise der der Gründerin der Kirche sein. Papst Martin V. übereignete 1430 die Kirche an das Kollegium der Gewürzhändler (Collegio degli Speziali) und auch heute noch befindet sich im Nebengebäude der Sitz des Verbandes der Drogisten und Apotheker (Collegio Chimico Farmaceutico),

---

Via in Miranda 10/Via dei Fori Imperiali

Die Kirche ist sehr selten geöffnet, meist nur an Donnerstagen 9–11 Uhr. Es empfiehlt sich eine vorherige Anmeldung (nobilecollegio@gmail.com) oder ein Anruf (+39 6 6792123), dann wird man erwartet und bekommt sehr wahrscheinlich auch noch eine kostenlose Führung mit vielen interessanten Erklärungen.

Nähere Information finden Sie unter https://nobilecollegio.it.

der auch ein kleines Museum unterhält. 1536 gab es anlässlich des Besuchs von Kaiser Karl V. bauliche Veränderungen. 1602 erfolgte ein weiterer Umbau. Hinter der antiken Tempelfassade verbirgt sich die barocke Fassade der Kirche. Nach 1800 wurde der Tempel archäologisch untersucht und ausgegraben, denn bis zu dieser Zeit waren die Stufen, die vom Forum aus zum Tempel führen, und die Säulen bis zu einer Höhe von gut zwei Metern noch verschüttet. Anfang des 20. Jahrhunderts war die Kirche akut bedroht. Ein reaktionäre Gruppe von Archäologen wollte alles entfernen und zerstören, was nicht original altrömisch war. Zum Glück konnten sie ihr Vorhaben nicht verwirklichen.

Doch nun zur eigentlichen Kirche. Auf beiden Seiten des hohen Kirchenschiffs befinden sich je drei Seitenkapellen, die unterschiedlich geschmückt sind. Der Hauptaltar wird vom *Martyrium des heiligen Lorenz* von Pietro da Cortona dominiert. Besondere Werke in den Seitenkapellen sind unter anderem *Die Enthauptung Johannes des Täufers* eines flämischen Künstlers, mit großartigen Lichteffekten im Stile Caravaggios, weiter eine eindrucksvolle Kreuzigungsszene, in der – historisch nicht ganz korrekt – der heilige Franziskus unter dem Kreuz kniet.

Wenn das Tor gegenüber des Hauptaltars geöffnet wird, dringt helles Licht in den Kirchenraum und man hat einen großartigen Blick auf das Forum Romanum.

Unter der Kirche, vorbei an den massiven Mauerresten der *cella,* des ursprünglichen Tempelraums, befindet sich das Museum. In zahlreichen Vitrinenschränken sind pharmazeutische Gegenstände, Mörser, Gefäße und vieles mehr ausgestellt und auch hier hat man einen Blick auf das Forum. In den oberen Räumen des angeschlossenen Gebäudes des Collegiums befinden sich Büros und die Bibliothek, und auch von hier hat man einen ungewohnten Blick auf das Forum, diesmal in Richtung Septimius-Severus-Bogen und Kapitol.

→ Stichwort: San Lorenzo
Der heilige Lorenz ist einer der prominentesten Heiligen. Er war einer der sieben Diakone in Rom, die für Finanzen und Soziales zuständig waren. Nachdem Kaiser Valerian Papst Sixtus II. hatte enthaupten lassen, verteilte Lorenz das Vermögen der Kirche an die Armen, statt es dem Kaiser auszuhändigen. Dafür wurde er gefoltert und schließlich auf einem eisernen Rost gebraten (dieser Rost wird als Reliquie in → San Lorenzo in Lucina (7) aufbewahrt). Der Legende nach befand sich unter den Schätzen der Kirche auch der Kelch, den Jesus beim Abendmahl benutzte und den Petrus nach Rom brachte. Lorenz ließ ihn nach Spanien bringen, wo er während der Maurenherrschaft in einer Höhle versteckt war. Heute wird der vermeintliche Heilige Gral in der Kathedrale von Valencia aufbewahrt. Die Gebeine des Heiligen ruhen in der Krypta der Kirche → San Lorenzo fuori le mura (98).

Auch Lorenz ist ein vielbeschäftigter Heiliger. So ist er unter anderem Patron von Spanien, Rom und Nürnberg. Er kümmert sich zum Beispiel um Arme, Bibliothekare, Schüler und Studenten, Köche und Konditoren, Bierbrauer und Wirte, Wäscherinnen, Glaser, die Feuerwehr und schützt gegen Feuersbrunst, sorgt sich um Weinberge und das Gedeihen der Weintrauben, schließlich hilft er bei Augenleiden, Hexenschuss, Ischias, Hauterkrankungen und Fieber.

Gedenktag: 10. August

Bauernregeln: Laurentius im Sonnenschein, wird der Herbst gesegnet sein.

Kommt St. Lorenz mit heißem Hauch, füllt er dem Winzer Fass und Bauch.

→ Stichwort: Antoninus Pius
Antoninus war einer der am längsten regierenden römischen Kaiser (138–161), einer der besten, und ist doch heute zu Unrecht relativ wenig bekannt. Warum eigentlich? Wenn uns spontan Persönlichkeiten der Geschichte (aus allen Epochen und Kulturen) einfallen, dann sind es doch immer Bösewichte und Finstermänner, also Leute, die unsägliches Leid verursachten, die eroberten, töteten und unterdrückten, deren Größenwahn legendär war oder die ganz einfach „nur" verrückt waren – kurzum, es war etwas „los". Eigentlich sollten wir uns vielmehr an die Herrscher erinnern, bei denen „‚nichts los'" war, unter denen keine Kriege geführt wurden, sondern Ruhe, Frieden, Wohlstand und Gerechtigkeit herrschten. Eine solche Zeit erlebte das Römische Reich unter Antoninus Pius.

57

Santi Andrea e Gregorio al Monte Celio und die drei Oratorien Sant'Andrea, Santa Barbara und Santa Silvia

*** ■

Der Mann, der nicht Papst werden wollte

Obwohl diese Basilika, die meist nur unter dem Namen San Gregorio Magno bekannt ist, jedem auffällt, der im Bus vom Kolosseum zum → Circus Maximus (43) daran vorbeifährt, sind es nur wenige, die die Kirche und die Oratorien besuchen. Dabei gibt es hier viel Interessantes zu sehen. Es ist ein Ort, der eine magische Ausstrahlung hat. Eine kleine Oase der Ruhe mitten im Großstadtgewühl.

Zu der Basilika führen breit angelegte Stufen nach oben, die oft von einigen *barboni* (die Bezeichnung Obdachlose trifft nur bedingt zu; es handelt sich eher um Leute, die bei uns früher als Land- bzw. Stadtstreicher bezeichnet wurden) belagert werden, die aber harmlos sind.

Die Anfänge der Kirche gehen zurück ins Jahr 580, als der spätere Papst Gregor, genannt „der Große" (590–604), hier an der Stelle seines Elternhauses ein Benediktinerkloster gründete. Eine Kirche wurde erst rund 400 Jahre später errichtet und nach den Heiligen Gregor und Andreas benannt. Die heutige Kirche wurde im 17. Jahrhundert und noch einmal im 18. Jahrhundert zu ihrem aktuellen Aussehen umgestaltet.

Wenn man durch eines der drei Tore der prächtigen Fassade geht, gelangt man zuerst in das Atrium mit Arkadenbögen an drei Seiten und dem Zugang zur Kirche, der von sechs Säulen mit ionischen Kapitellen gestützt ist.

Piazza di San Gregorio 1

Kirche: 9.30–12 u. 16.30–18 Uhr

Wenn trotzdem geschlossen ist, kann man an der Klosterpforte läuten und wird eingelassen.

Oratorien: Di, Do, Sa, So 9.30–12.30 Uhr

Missionarie della Carità: tägl. außer Donnerstag 8–11.30 u. 16.30–18.30 Uhr

Das Innere der Kirche ist reich mit Stuck geschmückt, der Fußboden eine Cosmatenarbeit. Vorne rechts befindet sich die Kapelle des heiligen Gregor mit dem marmornen Bischofsstuhl. Rechts daneben geht es zu einem schönen kleinen Raum, der die Mönchszelle des Heiligen gewesen sein soll. Zu dieser Zeit gab es den prächtigen Schmuck natürlich noch nicht. Über der Zelle ist folgende Inschrift zu lesen: NOCTE DIEQUE VIGIL LONGO HIC DEFESSA LABORE GREGORIUS MODICA MEMBRA QUIETE LEVAT (Tag und Nacht wachend legte Gregor hier seinen von langen Anstrengungen müden bescheidenen Leib zur Ruhe).

Über die Kapelle im Hauptschiff gelangt man zur Cappella Salviati. Das alte Marienfresko soll der Legende nach zu Gregor gesprochen haben, wenn er hier gebetet hat. Der großartige Marmoraltar gegenüber ist ein Werk von Andrea Bregno (1469) und zeigt die Madonna mit dem

Jesuskind und die beiden Patrone dieser Kirche, Gregor (links) und Andreas. Die Kuppel schmückt ein Fresko, das das Jüngste Gericht darstellt (um 1600).

→ **Stichwort: heiliger Gregor der Große**
Gregor (um 540–12.3.604), einer der vier Kirchenväter (die anderen drei sind Augustinus, Hieronymus und Ambrosius), stammte aus einer angesehenen römischen Familie. Sein Vater war Senator, sein Urgroßvater der Papst Felix III. (526–530). Er selbst schlug eine Priesterlaufbahn ein. Nachdem Pelagius II. einer in Rom grassierenden Seuche zum Opfer gefallen war, sollte Gregor ihm nachfolgen. Dieser aber drückte sich und verließ in einem Fass versteckt die Stadt, wurde später jedoch ausfindig gemacht und seiner Aufgabe zugeführt.

Einmal soll er auf dem Mausoleum des Hadrian einen Engel gesehen haben, der sein Schwert in die Scheide zurücksteckte, als Zeichen, dass eine erneute

Oratorium Santa Barbara

Seuche zu Ende war. Seither, so heißt es, wird das Mausoleum „Engelsburg" genannt (auf der Engelsburg, ganz oben, steht eine mächtige Bronzestatue, die den Engel darstellt).

Seine Briefe, in 14 Büchern, hatten großen Einfluss auf das gesamte Denken und Handeln nicht nur seiner Zeit. Gregor gilt als der Papst, der das Papsttum zu einer mächtigen Instanz gemacht hat, die seitdem auch einen weltlichen Anspruch hat.

Gedenktag: 3. September; zum Teil auch der 12. März.

Der heilige Gregor schützt das kirchliche Schulwesen und die Bergwerke. Er ist unter anderem der Patron der Lehrer und Schüler, der Maurer, Sänger und Musiker.

Bauernregel: Gregor zeigt dem Bauern (am 12. März) an, dass im Feld er säen kann.

Die Oratorien

Eine weitere Besonderheit dieser weitläufigen Anlage sind die drei Oratorien (Kapellen), zu denen man gelangt, wenn man die Kirche wieder verlässt und bei der Freitreppe nach rechts durch den kleine Garten geht.

In der Mitte liegt Sant'Andrea aus dem zwölften Jahrhundert. Das Innere ist mit prächtigen Fresken geschmückt, die unter anderem die Geißelung des heiligen Andreas (um 1600) und, auf dem Altarbild, Maria mit den Heiligen Gregor und Andreas darstellen.

Santa Barbara (links) aus dem 13. Jahrhundert trägt über dem Eingang die Inschrift *Triclinium Pauperum* (in etwa: Armenspeisung), die Bezug darauf nimmt, dass Gregor hier an dem großen Marmortisch aus dem dritten Jahrhundert täglich eine Speisung für zwölf Bedürftige angeboten haben soll. Ein Fresko erzählt die Legende, dass eines Tages ein als Bettler verkleideter Engel teilnahm, der nach dem Mahl plötzlich verschwand. Die große Marmorstatue von Nicolò Cordieri (um 1600) stellt Gregor dar.

Santa Silvia (rechts) aus dem frühen 17. Jahrhundert ist das jüngste der drei Oratorien. Die Statue der Silvia, der Mutter Gregors, stammt ebenfalls von Cordieri. Auf dem Buch, das sie in der Hand hält, steht: *vivet anima mea et laudabit te et iudicia tua adiuvabunt* (Meine Seele wird leben und dich loben und deine Urteile werden dabei helfen). In der Apsis befindet sich ein schönes Fresko, das ein Engelskonzert zeigt.

Wenn man die Oratorien wieder verlässt und in Richtung San Gregorio geht, landet man nach ein paar Schritten vor einem schlichten Tor. Dahinter leben die Missionarie della Carità (Missionarinnen der Nächstenliebe), also der Orden, den die berühmte Mutter Teresa von Kalkutta gründete, um den Allerärmsten zu helfen und sie zu pflegen. Ihr selbstloses Wirken wurde mit dem Friedensnobelpreis (1979), der Seligsprechung durch Papst Johannes Paul II. (2003) und der Heiligsprechung durch Papst Franziskus (2016) gewürdigt. Heute arbeiten in mehr als 130 Ländern weltweit über 4500 Schwestern für den Orden. Hier kann man die bescheidene Kammer sehen, in der Mutter Teresa lebte, wenn sie in Rom war.

58

Santi Quattro Coronati

★★★ ●

(Kreuzgang und Silvester-Kapelle ■)

Der Eingang in eine andere Welt

Diese außergewöhnliche Kirche steht in der Via dei Santi Quattro 20 (zwischen Kolosseum und → San Giovanni in Laterano, 61). Die festungsartige Anlage wirkt wie aus einer anderen Zeit. Ihre Ursprünge gehen bis ins vierte Jahrhundert zurück. 1084 wurde das ganze Viertel von den Normannen zerstört, somit auch die Kirche, die aber schon wenig später neu erbaut wurde, allerdings kleiner als ursprünglich.

Wenn wir durch das Eingangstor gehen, stehen wir im ersten Hof, von dem wir in den zweiten Vorhof mit drei antiken Säulen gelangen.

Bevor wir die Kirche betreten, gehen wir zu dem Tor an der rechten Seite. Dort muss man läuten und wird eingelassen. Hinter einem kleinen vergitterten Fenster wartet nun eine strenge Nonne des Augustinerordens, der seit 1564 hier ansässig ist, und öffnet gegen eine kleine Spende die gegenüberliegende Tür.

Nun betreten wir die kleine Silvester-Kapelle aus dem 13. Jahrhundert. Der Freskenzyklus ist außergewöhnlich gut

erhalten und stellt Szenen aus dem Leben von Kaiser Konstantin I. dar: zum Beispiel Konstantin leidet am Aussatz; Kon-

Via dei Santi Quattro 20

Etwas kompliziert, werden aber nicht minutiös eingehalten
Kirche: Wochentage 6.15–20 Uhr; Feiertage 6.45–12.30 u. 15–19.30 Uhr
Kreuzgang u. Cappella San Silvestro: Wochentage 9.30–12 u. 16.30–18.00 Uhr;
Feiertage 9–10.40 u. 16–17.45 Uhr

stantin empfängt die Taufe durch Papst Silvester I.; Silvester zu Pferd, begleitet von Konstantin; Helena, die Mutter Konstantins, empfängt das Kreuz; Silvester befreit Rom von einem Drachen.

Als Nächstes betreten wir die recht dunkle Kirche mit einer prächtigen Apsis. Die Bilder darunter stammen aus dem 17. Jahrhundert und stellen das Martyrium einiger der eigentlich 13 Namensgeber dar. Wenn man um ca. 16.30 Uhr dort ist, kann man eine schlichte, aber eindrucksvolle Andacht der Nonnen miterleben, die ebenfalls wie aus einer anderen Zeit wirken und nur für sich selbst da zu sein scheinen.

Zur Krypta führen Treppen am Ende des linken Seitenschiffs. Auf der linken Seite befindet sich eine Tür, an der wir erneut läuten müssen. Es wird geöffnet und nun stehen wir in einem der schönsten Kreuzgänge Roms (um 1220), einem Ort, der Ruhe und Frieden ausstrahlt und eine einzigartige Atmosphäre vermittelt.

Im Kreuzgang gibt es noch zwei kleine Besonderheiten: Gleich beim Eingang, ein paar Schritte nach rechts, erkennt man zwischen den Doppelsäulen 15 eingeritzte Linien und Zeichen, die wie römische Zahlen wirken. Auf der gegenüberliegenden Seite befindet sich ein kaum noch erkennbares Muster, das wie ein Spielfeld für Mühle aussieht. Vermut-

Kreuzgang, Santi Quattro Coronati

lich handelt es sich um Spielfelder zur Pausenbeschäftigung aus dem Kolosseum, die hier neu verbaut wurden.

Bevor Sie diesen wahrhaft himmlischen Ort wieder verlassen, sollten Sie noch kurz einen Blick in die Barbarakapelle werfen, die Teil der ursprünglichen Kirche war. Dort sind noch Reste von Fresken erhalten. Zum Reliquienschatz dieser Kirche gehört auch das Haupt des heiligen Sebastian. Der „Rest" befindet sich in den nach ihm benannten Katakomben an der Via Appia Antica.
Eine weitere Besonderheit in diesem ohnehin schon ungewöhnlichen Komplex ist die **Aula Gotica** im Palazzo Cardinalizio über der Silvester-Kapelle. Der Freskenzyklus aus dem 13. Jahrhundert wurde erst 1995 wiederentdeckt und aufwendig restauriert. Die äußerst farbenprächtigen Fresken waren jahrhundertelang übermalt. Allegorisch dargestellt sind die Monate und Personifizierungen der freien Künste: Grammatik, Geometrie, Mathematik, Astronomie und Musik. Der rechteckige Raum diente für den Kardinal Stefano Conti, einen Neffen von Papst Innozenz III. (1198–1216), zur Repräsentation und für Feste.

Die Aula Gotica ist nur ein- bis zweimal im Monat zugänglich und man muss sich rechtzeitig anmelden (archeocontesti@gmail.com). Hier finden Sie die Termine: www.aulagoticasantiquattrocoronati.it/info-e-prenotazioni.

→ Stichwort: Quattro Coronati

Die „4 Gekrönten" *(quattro coronati)* sind eigentlich 13 Personen, die schließlich zu vier verschmolzen. Eine Gruppe aus vier Personen, deren Namen wir nicht kennen, wurde im Jahre 311 unter Diokletian hingerichtet, weil sie, Soldaten aus seiner Garde, dem Äskulap nicht opfern wollten. Weitere vier mit den Namen Severus, Victorinus, Carpophorus und Severianus wurden später ebenfalls als Märtyrer hingerichtet und ihre Namen mit den ersten vier in Zusammenhang gebracht. Die dritte Gruppe, Claudius, Nicostratos, Castorius, Sempronianus und Simplicius, wurde ebenfalls unter Diokletian im heutigen Ungarn hingerichtet, da auch sie sich dem Äskulapkult verweigert haben sollen. Irgendwann schließlich landeten die sterblichen Überreste aller in Santi Quattro Coronati.

59

Spurensuche: Päpstin Johanna

★ ●

Gab es einmal eine Päpstin?

Gab es sie nun oder gab es sie nicht? Diese Frage wird wohl niemand mehr schlüssig beantworten können. Die katholische Kirche bestreitet natürlich – aus nachvollziehbaren Gründen – vehement, dass es je eine Päpstin gegeben hat. Andererseits sind die Quellen aus den dunklen Jahrhunderten spärlich und häufig widersprüchlich und unzuverlässig.

Den zahlreichen Legenden zufolge stammte Johanna aus Mainz und soll über verschiedene Umwege im Mönchsgewand nach Rom gelangt und auf Grund ihrer Bildung und ihres Verstandes schnell in der Hierarchie aufgestiegen sein. Eine weitere Theorie ist, dass es sich bei der angeblichen Päpstin um eine Verdichtung der Ereignisse um die historisch belegbare Marozia im zehnten Jahrhundert handelt, die regelmäßig mitbestimmte, wer das Papstamt übernahm und Geliebte von Papst Sergius III. war.

Die älteste Quelle, in der von einer Päpstin die Rede ist, ist das *Chronicon* von Mariano Scoto aus dem späten elften Jahrhundert. Dort berichtet er, dass auf Leo IV. im Jahr 855 Johanna gefolgt sei – zwei Jahre, fünf Monate und vier Tage.

In der *Chronica Universalis* des französischen Dominikaners Jean de Mailly (1225), der keinen Namen nennt, findet sich der seltsame Satz: *Pietro Padre dei Padri Palesa il Parto della Papessa* (Petrus, Vater der Väter, offenbarte die Geburt der Päpstin).

Weitere Hinweise gibt es zum Beispiel auch bei Martin von Troppau (ital. Martino Polono), der sie in seiner Papstliste von 1277 erwähnt, und in zahlreichen anderen Quellen verschiedener Autoren seit dieser Zeit.

Giovanni Boccaccio schreibt in *De claris mulieribus* (Berühmte Frauen), dass die mysteriöse Päpstin Johanna in der Via San Giovanni in Laterano oder in der parallel verlaufenden Via dei Santi Coronati, zwischen San Clemente und dem Kolosseum, während einer Prozession auf offener Straße ein Kind zur Welt gebracht haben soll. Dadurch sei dann der Schwindel um ihre Person aufgeflogen. Das Ganze soll sich Mitte des neunten Jahrhunderts abgespielt haben. Allerdings ist es eine Tatsache, dass hier seit

der angeblichen Niederkunft keine Prozessionen mehr vorbeiführen.

Der Humanist Bartolomeo Platina (eigentlich Bartolomeo Sacchi) erklärte in seiner von Papst Sixtus IV. in Auftrag gegebenen Papstchronik (1479 erschienen), dass es sich bei Papst Johannes VIII. (872–882) in Wirklichkeit um eine Päpstin gehandelt habe. 1580 wurde das Werk auf den Index gesetzt und somit aus dem Verkehr gezogen.

Doch gibt es in Rom auch interessante Indizien, die man, wie so oft, auf verschiedene Art auslegen kann.

An der Ecke Via dei Querceti/Via dei Santi Quattro steht dort, wo die angebliche Niederkunft geschehen sein soll, ein nunmehr renovierter kleiner Schrein *(sacello)* mit einem Marienbild. Früher hieß die damals viel engere Gasse Vicus Papisse. Ob dieser Name aber etwas mit einer Päpstin zu tun hat, ist nicht gesichert. Die Inschrift auf der Marmortafel (links oben) lautet: *Il sorriso di Maria / questi luoghi allieterà / se chi passa per la via / Salve o Madre a Lei dirà* (Das Lächeln Marias wird diese Orte mit Freude erfüllen. Wer hier vorbeikommt, soll zu ihr sagen: „Sei gegrüßt, O Mutter").

In Santa Maria in Trastevere, in der Chorkapelle, der Cappella Altemps, links neben dem Hauptaltar, hängt ein großes Gemälde, dessen Zentrum eine Frau mit einem weißen Gewand bildet. Sie trägt die Tiara, die Papstkrone(!). Thema des Bildes ist das Trientiner Konzil, welches im Hintergrund zu sehen ist. Wer aber ist nun diese Frau? Einige sagen, es sei eine Allegorie der Mutter Kirche, die sonst aber nicht mit der Tiara dargestellt wird und oft ein Modell einer Kirche in den Händen hält. Oder es ist doch Päpstin Johanna – wer weiß es?

60

Domus Aurea

✶✶✶ ■

Hightech und ein schwer erziehbarer junger Mann

Kaiser Nero (37–68 n. Chr.; Kaiser von 54–68) zählt, zusammen mit zum Beispiel Cäsar oder Pontius Pilatus, zu den bekanntesten Römern überhaupt. Allerdings entspricht sein überaus schlechter Ruf nicht ganz den Tatsachen. Jeder glaubt zu wissen, dass Nero Rom angezündet und Christen grausam verfolgt hat. Doch ist sich die Wissenschaft heute längst darüber einig, dass dem eine Menge falscher Informationen zu Grunde liegen. Wir kennen Nero in erster Linie aus den Schriften seiner Gegner wie Sallust oder Tacitus, die kein gutes Haar an ihm ließen. Sicherlich war Nero kein einfacher Typ und nicht der richtige Mann für diese Aufgabe. Er wurde Kaiser, weil seine Mutter Agrippina alles daran gesetzt hatte, ihren Sohn auf den Thron zu bringen. Selbst wäre er wohl lieber als exzentrischer Schöngeist und dilettantischer Künstler glücklich geworden. Ein großer Kriegsherr war er nie.

Als Rom im Juli 64 in Flammen stand, war Nero selbst nicht in der Stadt, sondern in seinem Sommerpalast in Antium (heute Anzio) südlich von Rom. Über eine Woche tobte das Feuer und zerstörte große Teile Roms, auch der Palatin war betroffen.

Auf dem Grund der ebenfalls zerstörten Domus Transitoria, ein Palast, der in Neros Auftrag gebaut worden war, lies er einen gewaltigen Gebäudekomplex errichten, der als Domus Aurea (das Goldene Haus) in die Geschichte einging. Was heute noch davon erhalten ist, liegt unter den Resten anderer, später drüber gebauter Anlagen, wie die riesigen Thermen des Trajan, von denen aber ebenfalls nur einige, allerdings eindrucksvolle Reste, übrig geblieben sind. Damals ge-

---

Via della Domus Aurea 1

Für einen Besuch der Domus Aurea muss man sich anmelden. Information dazu finden Sie unter www.parcocolosseo.it/visite-guidate/domus-aurea-experience. Führungen werden in verschiedenen Sprachen angeboten.

hörten zur Domus Aurea ein künstlich angelegter See, ausgedehnte Gärten und überall Statuen und andere Kunstwerke.

Im Jahr 104 zerstörte ein weiterer Großbrand Teile des Palastes. Nach der Wiederentdeckung der Domus Aurea Ende des 15. Jahrhunderts war man erstaunt über die (damals noch besser erhaltenen) Malereien. Sie dienten vielen Künstlern als Quelle der Inspiration, so auch für Raffael bei der Ausgestaltung der Stanzen im Vatikan. Weil man die

steheap/stock.adobe.com

reich geschmückten Gänge und Räume mit Grotten verglich, entstand der kunsthistorische Begriff „grotesk".

Was wir von der Domus Aurea heute zu sehen bekommen, erscheint einem wie eine riesige Höhle. Der Zutritt ist nur mit Führungen möglich, zu denen man sich anmelden sollte. Dann erhält jeder Besucher aus Sicherheitsgründen einen Bauarbeiterhelm, denn man besucht derzeit und sicher auch noch sehr lange eine unterirdische Großbaustelle, bei der auch mal ein Stück herunterfallen kann.

Durch einen langen Gang gelangt man zu verschiedenen Räumen, die vielfach durch Gerüste gestützt werden. An vielen Stellen sind Reste von Malereien, mythologische Szenen und Ornamente erkennbar, die durch die anhaltende Feuchtigkeit leider stark beschädigt sind. Einst war natürlich der gesamte Komplex kunstvoll ausgeschmückt. Anhand der

Sala Octagonale

angebrachten Karten und Skizzen kann man sich ein gutes Bild von der ursprünglichen Anlage machen und auch immer genau erkennen, wo man sich gerade befindet. Der eindrucksvollste Teil ist die Sala Octagonale, ein achteckiger hoher Kuppelraum, der wohl als Speisesaal gedient hat und drehbar gewesen sein soll und von wo aus man ursprünglich den Blick auf die Parkanlagen genießen konnte. Überhaupt sollte man sich von der Düsternis nicht täuschen lassen. Einst waren die meisten der gut 150 Räume lichtdurchflutet. Ein gutes Beispiel für ein antikes Hightech-Projekt.

In den Kaiserbiographien von Sueton (ca. 70–120) findet sich eine kurze Beschreibung der Domus Aurea:

1 Vestibulum eius fuit, in quo colossus CXX pedum staret ipsius effigie; tanta laxitas, ut porticus triplices miliarias haberet; item stagnum maris instar, circumsaeptum aedificiis ad urbium speciem; rura insuper arvis atque vinetis et pascuis silvisque varia, cum multitudine omnis generis pecudum ac ferarum. 2 In ceteris partibus cuncta auro lita, distincta gemmis unionumque conchis erant; cenationes laqueatae tabulis eburneis versatilibus, ut flores, fistulatis, ut unguenta desuper spargerentur; praecipua cenationum rotunda, quae perpetuo diebus ac noctibus vice mundi circumageretur; balineae marinis et albulis fluentes aquis. Eius modi domum cum absolutam dedicaret, hactenus comprobavit, ut se diceret quasi hominem tandem habitare coepisse.

In der Eingangshalle stand eine 120 Fuß hohe Kolossalstatue, die ihn (Nero) darstellte. Die Anlage war so groß, dass sie einen Säulenumgang von dreimal 1000 Schritten hatte. Ebenso ein (künstlicher) See, groß wie ein Meer, umgeben von Gebäuden, dass es wie eine Stadt wirkte. Außen herum Felder, Weinberge, Weiden und Wälder, in denen eine Vielzahl von Nutztieren und wilden Tieren lebte. In den anderen Räumen war alles mit Gold überzogen oder mit Edelsteinen und Perlmutt verziert. Die Speiseräume hatten Kassettendecken mit beweglichen Platten aus Elfenbein, dass daraus Blumen gestreut werden konnten und Röhrchen, durch die Duftöle versprüht wurden. Der größte war rund und drehte sich Tag und Nacht ständig wie das Weltall. In den Bädern floss Wasser aus dem Meer und der (schwefelhaltigen) Albulaquelle. Als er den Komplex für abgeschlossen erklärt (eingeweiht) hatte, war er insoweit zufrieden, dass er erklärte, nun könne er endlich wie ein Mensch wohnen. Sueton, *Nero*, 31, 1–2.

61

Sotterranei von San Giovanni in Laterano

***

Gewölbe,Fresken und ein Brudermord

Die Basilika San Giovanni in Laterano ist weltberühmt und gehört zum Pflichtprogramm aller Rombesucher. Wenig bekannt ist, dass unter der Kirche und dem gesamten Areal ein riesiges Labyrinth aus verschiedenen antiken Bauten verborgen ist. Gleich neben dem Baptisterium befindet sich die Einfahrt zur Päpstlichen Lateranuniversität. Von dort aus geht es ein Stück weiter nach links zu einem Eingangstor, direkt unter der Basilika.

Links gelangt man in den Bereich unter dem Baptisterium. Betonpfeiler und eine massive Betondecke sichern die Statik. Zu besichtigen sind Reste römischer Häuser aus dem ersten Jahrhundert nach Christus, sorgfältig restaurierte Fußbodenmosaiken mit geometrischen Mus-

Piazza di San Giovanni in Laterano

Der Bereich unter der Lateranbasilika ist nicht öffentlich zugänglich, es werden aber gelegentlich Führungen angeboten: www.sinopie.it/new. Da der ganze Bereich des Lateran zum Vatikan gehört, ist auch das archäologische Amt des Vatikan zuständig: www.scavi.va/content/scavi/it.html.

tern und eine Thermenanlage aus dem zweiten Jahrhundert mit einem gut erhaltenen Abwasserkanal. Bei dem Rundgang sind auch Teile von Wandmalereien eines römischen Wohnhauses zu sehen, dessen Mauern aber nur noch maximal 1,5 Meter hoch sind, weil sie für den Bau des Baptisteriums abgebrochen wurden.

Wenn man zurückgeht zum Ausgangspunkt, führen auf der anderen Seite Stufen weiter nach unten, bis man zu einem langen hohen Gewölbegang gelangt, an dessen Seiten Spolien (Fund- und Bruchstücke, die bei den Ausgrabungen entdeckt wurden) angebracht sind. Nun befinden wir uns unter der Basilika. Sechs Meter unter dem heutigen Straßenniveau liegen hohe, gut restaurierte Gewölbe, lange Korridore und Reste römischer Häuser aus dem ersten Jahrhundert nach Christus. Es handelt sich vermutlich um den Besitz der Familie der Laterani, maßgeblich von Sextus Lateranus, der im Jahr 65 n. Chr. an einer gescheiterten Verschwörung gegen Kaiser Nero beteiligt gewesen sein soll. Dafür wurde er hingerichtet und sein Besitz beschlagnahmt.

Über dem weitgehend zerstörten Gebäude wurde unter Septimius Severus (193–211) Ende des zweiten Jahrhunderts eine Kaserne errichtet. Hier waren die *equites sigulares* stationiert, eine berittene Truppe, die zur kaiserlichen Schutzgarde gehörte. Zu den eindrucksvollen Resten, die man hier sehen kann, gehören die Kommandantur (*principia*) und ein Fahnenheiligtum sowie die Mannschaftsquartiere.

Auch hier sind einige schöne Fresken erhalten geblieben, zum Teil mit mythologischen Szenen.

Nach der Schlacht an der Milvischen Brücke lies Konstantin (313) die Kaserne teilweise zerstören, weil die *equites* seinen unterlegenen Widersacher Maxentius unterstützt hatten. Auf diesem Fundament wurde die erste Basilika errichtet. San Giovanni in Laterano ist die zweite.

Ein besonderer Fund ist ein ionisches Säulenkapitel, das auf beiden Seiten Inschriften trägt. Bei einer der beiden, die dem aus Leptis Magna im heutigen Libyen stammenden Septimius Severus gewidmet ist, ist eine Stelle „ausradiert" worden. Mit großer Wahrscheinlichkeit war es der Name von Geta, dem jüngeren seiner beiden Söhne. Geta wurde (211) von seinem Bruder Caracalla ermordet, weil dieser keinen Mitregenten neben sich dulden wollte.

Ein weiteres Beispiel für die Auslöschung Getas (*damnatio memoriae*) findet man am Bogen des Septimius Severus auf dem Forum Romanum und am Arco degli Argentari, unweit von → Santa Maria in Cosmedin (40) (Bocca della Verità). Dort wurden die Namen von Geta und seiner Familie und sein Bildnis herausgemeißelt.

64

Santa Maria dell'Orto

★ ★ ●

Rom und Japan

Santa Maria dell'Orto ist eine Kirche im Trastevere, zwischen → Santa Cecilia (65) und → San Francesco a Ripa (63). Baubeginn war Ende des 15. Jahrhunderts, fertiggestellt wurde sie Mitte des 16. Jahrhunderts. Die Kirche gehört der Arciconfraternita (Erzbruderschaft) di Santa Maria dell'Orto.

Zuvor stand an dieser Stelle eine kleine Kapelle, die an die wundersame Heilung eines Bauern aus der Nähe erinnerte. Er hatte ein Gelübde abgelegt und ein Marienbild am Eingang seines Gartens *(orto)* aufgestellt.

Auffällig ist die ungewöhnliche Fassade mit den kleinen, erst im 18. Jahrhundert aufgesetzten Pyramiden. Das Innere ist überaus prächtig mit Stuck, Gold und Fresken geschmückt. Die Kirche ist nicht nur Maria geweiht, sie ist ein Marienheiligtum. An den Wänden sind symbolische Darstellungen und Szenen aus dem Leben Marias, an der Decke wird ihr himmlischer Ruhm gefeiert (Empfängnis, Himmelfahrt, Krönung).

Eine Kapelle auf der rechten Seite ist Giuliano Nakaura Jingorō (1568–1633) gewidmet. Nakaura war ein japanischer Jesuit, der als junger Mann an einer Reise nach Rom teilnehmen durfte. Später kehrte er wieder nach Japan zurück, um zu missionieren. 1614 wurde er zum Priester geweiht. Japan war damals kein empfehlenswertes Land für christliche Aktivitäten. So wurde er gefangen genommen, gefoltert und schließlich hingerichtet, zusammen mit weiteren Jesuiten und Dominikanern. 2008 wurden er und weitere 187 japanische Märtyrer seliggesprochen. Seit 2008 ist Santa Maria dell'Orto die Kirche der japanischen Gemeinde in Rom.

Manchmal finden hier auch abendliche Konzerte statt, der Rahmen könnte dafür nicht schöner sein.

Via Anicia 10

Werktags 9.30–12.30 u. 15–17.30 Uhr; Messe: So 11 Uhr
Im August geschlossen. Informationen finden Sie unter www.santamariadellorto.it/index_en.asp.

65

Santa Cecilia

★★★ ●

(Sotterranei und Fresken ■)

Eine Heilige, ein viereckiger Nimbus und grandiose Fresken

Die gesamte Anlage von Santa Cecilia im Trastevere gehört zum Schönsten, was Rom zu bieten hat. Obwohl die Kirche, deren Ursprünge in das fünfte Jahrhundert zurückgehen, zum erweiterten Standardprogramm aller Rombesucher gehört, gibt es noch eine Menge hinter mehr oder weniger verschlossenen Türen zu sehen.

Doch der Reihe nach.

An der Piazza Santa Cecilia steht man zuerst einmal vor einem vierstöckigen Gebäude mit drei massiven eisernen Eingangstoren. Die Inschrift, ganz oben, lautet TROIANUS DE AQUAVIVA RECARD und bezieht sich auf Kardinal Troiano Acquaviva d'Aragona, den Titularpriester (1709–1724). Das mittlere Tor führt direkt zur Kirche.

Zuerst aber durchquert man den 1929 angelegten schönen Garten mit einem Brunnen in der Mitte. Die große Steinvase stammt aus der Antike.

Die Eingangshalle *(porticus)*, vor der man nun steht, stammt ursprünglich aus dem zwölften Jahrhundert. Die heutige Form der Fassade entstand 1725 im Auftrag des o. g. Kardinals. Die beiden äußeren Säulen sind aus Marmor, der aus der heutigen Türkei stammt, die beiden inneren aus dem roten Granit aus Assuan in Ägypten, wie auch die Obelisken in Rom. An der barocken Fassade oberhalb der Portikus fallen die beiden überdimensionierten Schneckenornamente (Voluten) auf. In der Portikus sind unter anderem mittelalterliche Grabtafeln angebracht. Das große Monument auf der

---

Piazza di Santa Cecilia 22

Kirche: tägl. 10–13 u. 16–19 Uhr

Krypta und Ausgrabungen: tägl. 10–12 u. 16–18.30 Uhr

Cavallini-Fresken: Mo–Sa 10–12.30 Uhr

Sotterranei: letzter Samstag im Monat außer Juli u. August; 10 Uhr

Nährere Information erhalten Sie telefonisch unter +39 65899289.

rechten Seite ist das Grabmal von Kardinal Sfondrati, der 1599 die Exhumierung der Cecilia veranlasst hat. Wer es geschaffen hat, ist umstritten. Es könnte Carlo Maderno, aber auch Pietro Bernini gewesen sein, der Vater des großen Gian Lorenzo. Es wurde erst 1957 von einem früheren Standort in der Kirche hierhergebracht.

Betritt man die Kirche, ist man erst einmal überrascht, wie unspektakulär die Ausstattung und vergleichsweise niedrig die Decke ist. Wir wollen nun auch nicht die zahlreichen Kunstgegenstände betrachten, sondern gehen direkt zum Altar. Dort befindet sich Carlo Madernos berühmte Plastik aus Paros Marmor der liegenden toten Märtyrerin Cecilia. Die Apsis im Triumphbogen über dem Altar schmückt ein Mosaik im byzantinischen Stil aus dem neunten Jahrhundert. Es zeigt Christus in der Mitte mit einer Schriftrolle in der Hand. Er trägt eine römische Toga. Links stehen neben ihm Paulus, die heilige Agathe und Paschalis I., rechts Petrus, der heilige Valerian und Cecilia. Die zwölf Lämmer darunter symbolisieren die zwölf Apostel, die sich

dem Lamm Gottes (in der Mitte) nähern. Der viereckige Nimbus (Heiligenschein) bei Pachalis bedeutet, dass der Papst noch zu Lebzeiten dargestellt wurde und daher noch kein Heiliger sein konnte. Paschalis wurde auch nach seinem Tod nicht heiliggesprochen.

Bevor man nun die Kirche verlässt, geht man vor dem Ausgang rechts zu einer Tür. Gegen ein geringes Eintrittsgeld kommt man nach unten zu den Resten altrömischer Häuser aus der – vorchristlichen – republikanischen Zeit. Es handelt sich um mehrere Gebäude, die, wie Fachleute an Spuren erkennen können, im zweiten bis vierten Jahrhundert restauriert und umgebaut wurden. Hier unten sind verschiedene Fundstücke ausgestellt, außerdem sind Reste der Fußbodenmosaike erhalten. In einem Raum befinden sich acht runde, gemauerte Silos, die möglicherweise zu einer Gerberei gehört hatten. Vielleicht dienten sie aber auch zur Lagerung von Lebensmitteln. Weiter hinten gelangt man zu einer Krypta im byzantinischen Stil, die um

Reste altrömischer Häuser

Grabstätte des heiligen Maximus sowie der frühen Päpste Urban I. und Lucius I.

1900 erbaut wurde. Hier sind auch die Gräber mit den sterblichen Überresten der heiligen Cecilia, der heiligen Valerian, Tibertius und Maximus sowie der frühen Päpste Urban I. (222–30) und Lucius I. (253–54).

Wenn man wieder in der Kirche ist, sieht man im gegenüberliegenden rechten Seitenschiff hinter hohen Gittern fünf große Seitenkapellen. Die Cappella Ponziani ist die Grabkapelle der gleichnamigen Familie. Zu dieser gehört auch der Ehemann der heiligen Francesca Romana, die hier auf einem Fresko dargestellt ist (Francesca selbst ist in der Krypta der Kirche → Santa Francesca Romana (54) beim Forum in einem Reliquiar bestattet). Die Fresken hier stammen aus der Schule von Pinturicchio (Ende 15. Jh.).

Durch eine weitere Kapelle gelangt man zu dem nicht öffentlich zugänglichen, unterirdischen Teil von Santa Cecilia. Ein Stück weiter hinten führen Stufen hinunter und man kommt zu den Resten einer kleinen privaten Thermenanlage, die wohl der Ort war, an dem Cecilia das Martyrium erlitten hat.

Der Höhepunkt der Besichtigung sind aber die Fresken aus dem 13. Jahrhundert von Pietro Cavallini (ca. 1240–1330). Um dorthin zu gelangen, muss man die Kirche verlassen und dann rechts durch eine kleine Tür oberhalb der Eingangshalle nach oben gehen. Zutritt ist nur in Begleitung einer der Benedik-

tinerinnen aus dem Kloster möglich. Der untere Teil der Fresken wurde im 16. Jahrhundert leider zerstört, als der Nonnenchor eingebaut wurde. Dennoch ist das, was hinter dem Chorgestühl aus dem 19. Jahrhundert erhalten ist und 2001 restauriert wurde, großartig. Dargestellt ist das Jüngste Gericht mit Christus in der Mitte, flankiert von Engeln. Auf den Seiten sitzen die Apostel.

Man sollte sich also Zeit nehmen, um die vielen Besonderheiten von Santa Cecilia schätzen zu können.

→ Stichwort: Santa Cecilia

Cecilia lebte zu Beginn des dritten Jahrhunderts. Schon als Kind fühlte sie sich dem Christentum verbunden. Als sie als Jugendliche mit Valerianus, einem Heiden, verheiratet wurde, bestand sie auf ihre Jungfräulichkeit, die ihrer Aussage nach ein Engel an ihrer Seite beschützte. Um den Engel ebenfalls sehen zu können, musste sich Valerianus taufen lassen. Dann sah er ihn, so heißt es, tatsächlich. Auch sein Bruder Tiburtius bekehrte sich zum Christentum. Weil die Brüder trotz Verbot hingerichtete Christen bestatteten, wurden auch sie hingerichtet. Nun war es an Cecilia, diese zu bestatten. Dem Präfekten Almachius missfiel dies und er ließ Cecilia, die zuvor noch eine große Zahl Menschen bekehrt hatte, hier in den Bädern unter der Kirche in kochendes Wasser werfen, was ihr aber nichts anhaben konnte. Auch der Versuch, sie zu enthaupten, scheiterte anfangs. Erst nach drei Tagen erlag sie ihren schweren Verletzungen, genug Zeit, um ihren Besitz den Armen zu vermachen. Bestattet wurde sie in den Callisto-Katakomben an der Via Appia, wo sich heute eine Kopie von Madernos Plastik befindet.

Schon im fünften Jahrhundert wurde Cecilia verehrt und seit 545 wird hier, an ihrem Todestag, dem 22. November, ein Fest zu ihren Ehren gefeiert. Inwieweit all das historisch überprüfbaren Tatsachen entspricht, sei dahingestellt. Vielleicht ist ein Großteil der Geschichte Legende.

Im neunten Jahrhundert soll der bereits erwähnte Papst Paschalis I. (817–824; sein Grab befindet sich in Santa Prassede) den Sarkophag der Cecilia entdeckt und hierher gebracht haben. 1599 wurde bei einer Renovierung der Kirche der Sarg geöffnet und der Leichnam soll nahezu unversehrt gewesen sein.

Die heilige Cecilia ist die Patronin der Musik, insbesondere der Kirchenmusik. Sie schützt daher auch Musiker, Sänger und Instrumentenbauer.

Gedenktag ist der 22. November.

Bauernregel: Wenn es an Cäcilia schneit, dann ist der Winter nicht mehr weit.

66

Santa Maria in Cappella

Donna Olimpia, ein Garten und ein früher Borromini

In einer etwas abgelegenen Ecke im Trastevere, am Tiberufer, gegenüber vom Aventin, finden wir die alte Kirche Santa Maria in Cappella. Die Weihe fand Ende des elften Jahrhunderts statt. Um 1400 entstand hier eine karitative Einrichtung, die im angeschlossenen Krankenhaus (Ospedale di Santissimo Salvatore) Kranke pflegte und sich um Arme kümmerte.

Zuerst betritt man einen Hof, der meist als Parkplatz genutzt wird. Vor uns liegt die unscheinbare kleine Kirche. Die schlichte Fassade war nicht immer so vollkommen schmucklos. Ein Aquarell aus dem frühen 19. Jahrhundert zeigt zahlreiche Fresken. Durch die Tür, rechts, gelangt man zu einer Pforte und von da aus zu einem Säulengang. Man betritt die Kirche durch den Seiteneingang durch das rechte Seitenschiff, in dem archäologische Grabungen Mauerreste aus dem vierten Jahrhundert freigelegt haben.

Die Seitenschiffe werden durch jeweils fünf antike Säulen vom Hautschiff getrennt. Der Altarraum wird von einer Madonnenstatue aus dem 19. Jahrhundert dominiert. In der Apsis stehen auf gemalten Bändern die sieben Gaben des Heiligen Geistes, wie sie beim Propheten Jesaja (11, 1–2) im Alten Testament aufgeführt sind: *sapientia* (Klugheit), *intellectus* (Einsicht), *consilium* (weise Planung), *fortitudo* (Stärke), *scientia* (Erkenntnis), *pietas* und *timor Domini* (Ehrfurcht vor dem Herrn).

Eine Besonderheit ist das Mosaikkreuz mit den Bienen der Familie Barberini, das man inzwischen als ein frühes Werk von Borromini identifiziert hat.

Im linken Seitenschiff standen Betten für Pilger, Arme und Kranke. Nach den jüngsten Restaurierungen hat man dem

Vicolo di Santa Maria in Cappella 6
tägl. 9–18 Uhr
Informationen finden Sie unter
www.artesiaroma.it/musei/santa-maria-in-cappella.

Inneren wieder das mittelalterliche Aussehen gegeben und sogar wieder zwei Betten als „Anschauungsmaterial“ aufgestellt.

Nachdem zwischenzeitlich der Orden der Oblatinnen hier tätig war, wurde die Kirche Mitte des 16. Jahrhunderts von der Zunft der Fassbinder (Confraternita dei Bottai) übernommen.

Heute gehört die Kirche zum Seniorenheim Casa di Riposo Santa Francesca Romana, das hier seit 1971 seinen Sitz hat. Doch bis es so weit war, wechselten etliche Male die Besitzer und die Kirche war mehrfach vom Verfall bedroht.

Für den Namen *in Cappella* gibt es keine eindeutige Erklärung, mit einer Kapelle hat er vermutlich nichts zu tun.

Eine Deutung geht auf die erwähnten Fassbinder zurück, denn *in Cuppella* würde sich auf (kleine) Fässer beziehen. Die dritte Erklärung nimmt Bezug auf eine Weihinschrift aus dem elften Jahrhundert: QV(A)E APPELL(ATVR) AD PINEA(M) PER EP(ISCOP)OS UBALDU, wo der ursprüngliche Name *ad pineam* (bei der Pinie) enthalten ist, aber aus QU E APPELL *Cappella* geworden sein kann.

Teil des Komplexes ist einer der größten privaten Gärten im Zentrum Roms, der im 17. Jahrhundert Donna Olimpia Pamphilj (1591–1657), auch spöttisch „Pimpaccia“ (die „Aufgedonnerte“) ge-

nannt oder „Olim pia“ (die einst Fromme), gehörte, der mächtigen und gefürchteten Schwägerin von Papst Innozenz X. Sie ließ hier für sich eine Villa, das Casino del Belvedere, bauen und die Kirche restaurieren. Nach ihrem Tod verfiel die gesamte Anlage, bis sie 1760 in den Besitz der Familie Doria gelangte, die später ihrem Namen den Namen Pamphilj hinzufügte. Das Hospital existierte die ganze Zeit weiter.

Seit Kurzem gibt es hier auch ein kleines Museum, das Museo di Santa Maria in Cappella, das unter anderem Funde der Ausgrabungen und sakrale Gegenstände zeigt.

67

Kreuzgang von San Giovanni Battista dei Genovesi

★★ ■

Ein Blick hinter die Mauer

In der Via Anicia, an der Rückseite von → Santa Cecilia (65) im Trastevere, befindet sich ein weiteres kleines Wunder. In dieser wenig attraktiven Straße und hinter einer etwas heruntergekommenen und unauffälligen Mauer verbirgt sich einer der schönsten Kreuzgänge Roms. Im Komplex der Bruderschaft Johannes' des Täufers der Genueser wurde 1481 unter dem aus Ligurien stammenden Papst Sixtus IV. (1471–1484) dieser einzigartige zweistöckige Kreuzgang mit den achteckigen Travertinsäulen errichtet. Genua war damals eine mächtige Seerepublik und dies ihr römischer Stützpunkt mit einem Hospital für Genueser Seeleute, der dem Patron Genuas, Johannes dem Täufer, geweiht war. Die Lage nahe am Tiber ermöglichte es, dass die Genueser ihre Schiffe quasi vor der Haustüre „parken" konnten.

In der Mitte des idyllischen Gartens mit Palmen und Zitrusbäumen befindet sich ein Brunnen, der von zwei antiken Säulen mit ionischen Kapitellen flankiert ist. Schräg gegenüber vom Eingang führt eine Treppe hinauf zur Loggia im oberen Stockwerk, von wo aus man einen noch schöneren Blick auf dieses Bauwerk hat. Es lohnt sich, etwas Zeit mitzubringen und sich auf eine Bank oder in den Garten zu setzen, um die Ruhe dieses Ortes zu genießen.

Via Anicia 12

Di u. Do 14–16 Uhr im Winter und 15–17 Uhr im Sommer
Nähere Informationen finden sich unter www.confraternita-sgbg.it.
Für die Kirche, die auch vom Kreuzgang aus betreten werden kann, ist nur an Sonn- u. Feiertagen um 11 Uhr zur Messe geöffnet.

In diesem Komplex findet seit 1988 auch der jährliche internationale Klavierwettbewerb der Associazione Culturale „Fryderyk Chopin" statt (www.chopinroma.it).

68

San Cosimato und die Kreuzgänge im Krankenhaus Regina Margherita

★★★●

Ein kleiner Garten und ein Ort zum Ausruhen

Piazza di San Cosimato
Zugang Ospedale Nuovo Regina Margherita:
In der Via Emilio Morosini 30 ist die leicht abschüssige Zufahrt zum Krankenhaus.
Einfach hineingehen, unten rechts, dann links und noch mal links.
San Cosimato: tägl. 9–12 Uhr

Das mittelalterliche Tor mit den beiden antiken Säulen an der Piazza San Cosimato war lange geschlossen und der Zugang zur Kirche führte über den romanischen Kreuzgang im Krankenhaus Ospedale Nuovo Regina Margherita. Inzwischen kann man durch das an Vormittagen geöffnete Tor gehen und durch einen idyllischen Garten mit einem Granitbecken (ähnlich denen auf der Piazza Farnese), das aus einer antiken Therme stammt. Ein paar Schritte weiter kommt man zu der Kirche mit der schlichten Fassade, die zu dem ehemaligen Benediktinerkloster gehörte. Die Kirche, deren Ursprung bis in das zehnte Jahrhundert zurückgeht, wurde unter Papst Sixtus IV. (1471–1484), nach dem auch die Sixtinische Kapelle benannt ist, gründlich restauriert.

Der Name Cosimato ist eine Zusammenziehung der Namen zweier Heiliger, Cosmas (ital. Cosimo) und Damian. Das heutige Aussehen und die Gestaltung im Inneren stammen aus dem 19. Jahrhundert. In der fast quadratischen, einschif-

figen Kirche fallen die großen Fresken auf beiden Seiten auf. Im Hauptaltar, der von zwei schwarzen Marmorsäulen eingerahmt ist, befindet sich die Kopie einer Marienikone aus dem 13. Jahrhundert, die derzeit aus Sicherheitsgründen, wie es heißt, „woanders" aufbewahrt wird. Der Ort aber ist nicht bekannt.

Die Ikone hat eine abenteuerliche Geschichte erlebt, denn ursprünglich

Der zum Bereich des Krankenhauses Ospedale Nuovo Regina Margherita gehörende romanische Kreuzgang aus dem 13. Jahrhundert stammt diese Madonnen-Darstellung aus Alt St. Peter (Vorläufer des Petersdoms). Später wurde das Werk gestohlen und alles entfernt, was daran materiellen Wert hatte. Dann landete das Bild im Tiber und wurde beim Ponte Rotto geborgen (diese älteste altrömische Steinbrücke – Pons Aemilius; 176 v. Chr. – hieß damals noch Ponte Senatorio und wurde erst 1598 durch ein Hochwasser in den heutigen Zustand versetzt). Papst Leo X. lies das Bild auf der Brücke in einem eigens dafür gefertigten Schrein aufstellen. Später wurde es in eine heute nicht mehr existierende Kirche überführt und gelangte von dort schließlich nach San Cosimato.

Vorn, auf der linken Seite, öffnet sich eine Seitenkapelle mit einem Marmoraltar aus der Renaissance mit den Reliquien einer Märtyrerin namens Severa, einer französischen Äbtissin aus dem siebten Jahrhundert, über die sonst nichts weiter bekannt ist.

Wieder in dem schönen Garten fuhrt der Durchgang auf der linken Seite zu weiteren nahezu unbekannten Sehenswürdigkeiten, die zum Bereich des Krankenhauses Ospedale Nuovo Regina Margherita gehören: zwei Kreuzgänge, ein mittelalterlicher aus dem 13. Jahrhundert und einer aus der Renaissance (Ende 15. Jh.). Der romanische ist mit über 40 Meter Länge einer der größten in Rom und umschließt von vier Seiten mit den auf Doppelsäulen gestützten Rundbögen einen schön angelegten Garten und war früher Teil des ursprünglichen Benediktiner- und späteren Klarissinnenklosters Santi Cosma e Damiano, das hier bereits seit dem zehnten Jahrhundert stand. Im Kreuzgang befindet sich die Grabtafel der Margherita Maleti (1505–1538), die schon im Alter von 21 Jahren Witwe wurde. Ihr Mann wurde 1527 beim Sacco di Roma, der Plünderung Roms, durch die so genannten Landsknechte (ital. *lanzichenecchi*) getötet. Margherita ging ins Kloster und wurde schließlich zur Namensgeberin des Ende des 19. Jahrhunderts gegründeten Hospitals.

1870 hat der italienische Staat San Cosimato zu einem Altenheim umfunktioniert. Das frühere Eingangstor zum Konvent aus dem zwölften Jahrhundert steht an der Piazza San Cosimato. Hier war einst auch die Naumachia von Kaiser Augustus, ein künstlich angelegtes Becken, in dem Seeschlachten aufgeführt wurden.

In der nordöstlichen Ecke des romanischen Kreuzgangs führen ein paar Stufen hinauf zu dem anderen, kleineren aus dem 15. Jahrhundert mit einem Brunnen in der Mitte. Achteckige Säulen stützen auf jeder Seite neun Arkaden. Die ehemalige Loggia darüber wurde geschlossen und mit modernen Fenstern versehen.

69

Die ehemalige Synagoge und der römische Keller im Ristorante Spirito DiVino

★ ●

Speisen in historischem Ambiente

In diesem Gebäude im Trastevere, in dem seit einigen Jahren das elegante Slow-Food-Restaurant Spirito DiVino zu Hause ist, befand sich seit dem elften Jahrhundert eine der ältesten Synagogen Roms. Auf der Rückseite, im ehemaligen Vicolo delle Palme, wie das Gässchen einst hieß, ist eine mittelalterlich Loggia erhalten, auf der noch hebräische Buchstaben zu erkennen sind. Der heutige

Via dei Genovesi 31A/Vicolo dell'Atleta
Spirito DiVino: Mo–Sa 19–23.30 Uhr
www.ristorantespiritodivino.com

Name geht auf eine hier gefundene römische Kopie einer bronzenen Statue des griechischen Künstlers Lisippos (4. Jh. v. Chr.) zurück. Sie zeigt einen Athleten, den *Apoxyomenos,* der sich mit einem Striegel die Haut abreibt. Sie steht heute in den Vatikanischen Museen. Bei weiteren Grabungen wurden noch andere antike Gegenstände gefunden, zum Beispiel ein bronzenes Pferd.

Im Inneren des Restaurants führen steile Stufen nach unten ins alte Rom, zum Weinkeller. In seiner langen Geschichte wurde dieses Haus auch schon als Bäckerei, als Lagerhaus und auch privat genutzt, bevor hier das Restaurant eröffnet hat.

70

San Benedetto in Piscinula

★★●

Eine verborgene Überraschung hinter einer seltsamen Fassade

Die kleine Kirche im Trastevere, am Ende der Via Lungaretta, beim Ponte Cestio, ist sehr alt und ein wahres Kleinod, auch wenn die unscheinbare und langweilige Fassade aus dem Jahr 1844 darüber hinwegtäuscht. Die Anfänge gehen ins frühe zwölfte Jahrhundert zurück, danach wurde die Kirche zwischen Ende des 17. Jahrhunderts und dem frühen 20. Jahrhundert etliche Male umgebaut und restauriert. Im 19. Jahrhundert war hier eine Schule für Kinder armer Eltern, die aber 1910 geschlossen wurde. Auch die Kirche wurde aufgegeben und erst 1929 wiederhergerichtet. Von da an kümmerten sich Karmeliterinnen um sie, die aber nach 2000 weggezogen, da ihre Zahl drastisch geschrumpft war. Danach übernahmen die Arautos do Evangelho (die Herolde des Evangeliums, eine geistliche Vereinigung) die Kirche. Sie entfernten später hinzufügten Schmuck und stellten das mittelalterliche Innere mit dem Cosmatenboden und alten Fresken wieder her.

Der Innenraum ist schlicht: unverputzter Backstein, ein offener Dachstuhl. Die beiden Seitenschiffe werden durch Bögen abgetrennt, die von antiken Säulen gestützt werden.

An der Stelle, an der diese Kirche errichtet wurde, stand in der Antike das Haus der angesehenen Familie der Anicii (Domus Aniciorum). Der heilige Benedikt, der zu dieser Familie gehörte und nach dem die Kirche benannt ist, hat sich hier längere Zeit aufgehalten, bevor er seinen Orden und die Abtei in Monte Cassino gründete.

Etwas Besonderes ist die Kapelle (Cappella della Vergine) auf der linken Seite mit einem Marienfresko aus dem vierten Jahrhundert, vor dem der Heilige gebetet haben soll. Direkt daneben befindet sich

---

Piazza in Piscinula 40

Di–So 9.45–11.45 u. 16.30–19.30 Uhr

Nähere Informationen finden Sie unter www.sanbenedettoinpiscinula.it.

die winzige Zelle Benedikts, der bedeutendste Teil der Kirche.

Der Kampanile aus dem elften Jahrhundert ist der kleinste in Rom. Eine Datierung ist durch die auf der Glocke eingravierte Jahreszahl (1069) möglich. Der Name *piscinula* geht auf eine antike Thermenanlage zurück.

→ **Stichwort: Benedikt von Nursia**
Benedikt zählt zu den wichtigsten Heiligen überhaupt. Er wurde um 480 in Nursia (heute Norcia; Umbrien) geboren und stammte aus einer vornehmen Familie. Schon als Kind kam er zur Ausbildung nach Rom. Die Stadt war zu dieser Zeit im rapiden Niedergang, nachdem 476

Die winzige Zelle Benedikts von Nursia

der letzte Kaiser Romulus Augustulus abtreten musste. Benedikt zog sich in eine Höhle in der Nähe Roms zurück, wo er drei Jahre als Einsiedler lebte und, so will es die Legende, diversen Anfechtungen des Teufels widerstand (z. B. als dieser ihm in Gestalt einer schönen jungen Frau erschien. Benedikt blieb standhaft und wälzte sich in Dornen). Mit der Zeit verbreitete sich sein Ruf und schließlich wurde er zum Vorsteher einer Gemeinschaft von Mönchen gewählt. Er soll auch Giftanschläge von Mönchen, die mit seinen strengen Regeln nicht einverstanden waren, vorausgeahnt und somit überstanden haben. Im Jahr 529 zog er mit einer Gruppe getreuer Mönche zu einem Berg auf halber Strecke zwischen Rom und Neapel, dem heutigen Montecassino. Dort verfasste er in bewusst einfachstem Latein die nach wie vor gültigen *Regula Benedicti*, sozusagen das Manifest für klösterliches Leben, in dem genau und streng jedes Detail festgelegt ist. Zentraler Punkt ist *ora et labora* (bete und arbeite). In einer Zeit des Niedergangs und der Unsicherheit wurden diese Regeln gern als Orientierungsleitlinien angenommen. Benedikt starb vermutlich 547 in Montecassino und wurde auch dort begraben. 1964 ernannte ihn Papst Paul VI. zum Patron Europas.

Der Orden breitete sich schnell aus und in ganz Europa wurden Abteien gegründet, die noch heute bestehen. Die berühmteste deutsche Benediktinerabtei ist Benediktbeuren in Oberbayern. 1944, während des Zweiten Weltkrieges, wurde bei verlustreichen Kämpfen zwischen Deutschen und Alliierten (über 70.000 Gefallene) das Kloster Montecassino völlig zerstört, nach dem Krieg aber wieder aufgebaut.

Abtprimas, also der oberste Benediktiner, hat seinen Sitz in Sant'Anselmo auf dem Aventin in Rom. Von 2000 bis 2016 war dies der 1940 geborene Notker Wolf, der neben dieser internationalen Managertätigkeit ein begeisterter Rockmusiker ist und auch schon mit Größen wie Deep Purple auf der Bühne stand.

Gedenktag ist der 11. Juli.

Ein so prominenter Heiliger ist auch viel beschäftigt. Er ist Patron des Abendlandes und Europas, er beschützt Lehrer und Schüler, aber auch Bergleute. Er schützt vor Fieber, Vergiftungen und Entzündungen.

Bauernregeln: Sankt Benedikt den Garten schmückt.

Willst Du Gersten, Erbsen, Zwiebeln dick, so säe an St. Benedikt.

71

Spätantike Unterkirche von San Crisogono

★★●

Das alte Rom liegt gleich darunter

1907 wurden bei Ausgrabungsarbeiten unter der Kirche mit der auffälligen Fassade und dem Turm aus dem zwölften Jahrhundert am Viale di Trastevere die Reste einer viel älteren Kirche entdeckt. Diese wurde vermutlich im frühen vierten Jahrhundert unter Papst Silvester I. (314–335) errichtet und ist eine der ältesten Titelkirchen Roms. Eine Titelkirche hatte einen höheren Status als eine „gewöhnliche" Kirche und stand im Zusammenhang mit einem Wohnhaus, an dem auch der Name des Eigentümers zu lesen war.

Zur Unterkirche gelangt man über die Sakristei auf der linken Seite. Dort führen Stufen nach unten zu den ausgedehnten *sotterranei*. Es sind noch Reste von Fresken aus dem achten bis elften Jahrhundert erhalten, auf denen unter anderem der heilige Benedikt dargestellt ist. Die Kreise sind vermutlich die gemalte Imitation einer Marmortäfelung. Der schöne Marmorsarkophag, der hier ge-

Piazza Sidney Sonnino 44 (Viale di Trastevere)
Unterkirche: Wochentage 7.30–11.30 u. 16–19 Uhr
Sonn- u. Feiertage 8–13 u. 16–19 Uhr

funden wurde, stammt aus dem zweiten Jahrhundert. Es ist etwas schwierig, sich den ursprünglichen Bau vorzustellen, doch erkennt man die Apsis mit einem Märtyrerschrein.

Weitere Räume sind nicht mit Sicherheit zuzuordnen. In einem Teil der Ausgrabung wurden verschiedene Becken gefunden, sodass er auch eine andere Nutzung gehabt haben kann, möglicherweise handelt es sich dabei um eine ehemalige Färberei. Da hier früher Ladengeschäfte waren, ist dies durchaus vorstellbar.

Wenn man schon mal hier ist, lohnt sich auch noch eine kurze Runde in der Kirche San Crisogono, die in ihrer Grundstruktur aus dem zwölften Jahrhundert stammt und im frühen 16. Jahrhundert noch einmal gründlich umgestaltet wurde. Die 22 Granitsäulen stammen aus einem antiken Gebäude. Besonders schön sind der Cosmatenfußboden und die massive Kassettendecke.

→ Stichwort: San Crisogono

Der heilige Chrysogonus war ein Märtyrer, der zur Zeit Diokletians lebte und um 303 verstarb. Der Kaiser bot ihm eine Stelle in Aquileia (nördliche Adria) an, wenn er seinen christlichen Glauben aufgibt. Als Chrysogonus sich weigerte, wurde er enthauptet und sein Leichnam ins Meer geworfen.

Gedenktag ist der 24. November.

72

Santa Maria dei Sette dolori

★★●

Borromini im Luxushotel

Diese etwas versteckt liegende kleine Klosterkirche im Trastevere stammt aus dem 17. Jahrhundert. Sie gehört zu dem ebenfalls im 17. Jahrhundert gegründeten Orden der Augustiner-Oblatinnen von den sieben Schmerzen der seligsten Jungfrau. Daher auch der Name: *sette dolori* – sieben Schmerzen. Zur Kirche gelangt man über einen mit Kies bedeckten Hof. Das Besondere an ihr ist die unvollendete Fassade von Borromini. Vermutlich war den Auftraggebern das Geld ausgegangen. Sie enthält die für den Baumeister und Künstler typischen Elemente: die konkaven und konvexen Linienführungen, wie sie auch für Sant'Agnese in Agone an der Piazza Navona oder Sant'Ivo charakteristisch sind.

Via Garibaldi 27

Tägl. 7.15 (werktags) u. 8 Uhr (Sonn- u. Feiertage) zur Messe
Sonst auf Anfrage (Tel. +39 65897327) oder wenn zufällig geöffnet ist

Das antike Gewölbe kann man besichtigen, wenn man an der Rezeption des Hotels danach fragt. Eine der freundlichen jungen Damen holt dann einen Kollegen, der durch das labyrinthartige Hotel zu dem antiken Gemäuer führt.

Wie der obere Teil geplant war, wissen wir nicht. Die Fenster wurden später eingefügt und gehören nicht zum ursprünglichen Plan. Geweiht wurde die Kirche 1670, drei Jahre nach dem Tod Borrominis. Trotz zahlreicher Restaurierungen im 18., 19. und 20. Jahrhundert wurde die Fassade nie fertiggestellt oder wenigstens mit einer Putzschicht überzogen. Dafür wurde das Innere neu bemalt. Dadurch ging die für Borromini typische weiße Gestaltung verloren.

Das Kirchenschiff liegt ungewöhnlicherweise parallel zur Fassade. Das Innere wird durch Säulen geprägt, die die halbrunden Bögen stützen. Für die Gestaltung hat Borromini architektonische Anregungen aus der Villa Hadriana bei Tivoli verarbeitet. Im linken Seitenaltar befindet sich ein Bild des heiligen Augustinus, das ihn in Mönchskleidung zeigt und nicht, wie sonst, im Ornat eines Bischofs. Im Hochaltar werden die Reliquien des heiligen Caesarius aufbewahrt, eines Märtyrers aus dem ersten Jahrhundert.

Der Eingang an der rechten Seite führt auch zu dem Hotel Donna Camilla Savelli. Der Eingangsbereich ist das ursprünglich zur Kirche gehörende oktagonale Vestibül. Zu diesem traumhaft schönen Hotel (allerdings hat der Traum auch seinen Preis!) gehören der Kreuzgang, eine Dachterrasse mit einem großartigen Rundumblick und, tief unten, ein antikes Gewölbe, das zu besonderen Anlässen genutzt wird und früher vermutlich ein Lagerraum gewesen ist.

73

San Giacomo alla Lungara (San Giacomo in Settimiano)

Bernini und ein Skelett im Frauenhaus

Diese Kirche in der Via Lungara (ca. 300 Meter von der Villa Farnesina entfernt und schräg gegenüber vom Gefängnis Regina Coeli) wurde vermutlich schon im neunten Jahrhundert gegründet, dokumentiert ist sie ab ca. 1200, als sie zu einer Art Dependance von (Alt) St. Peter erklärt wurde. Ihr jetziges Aussehen erhielt sie um 1800.

Ab 1620 errichteten Franziskaner ein Konvent, das „reumütigen" Huren und Frauen offen stand, die vor einer „unglücklichen" Ehe, zum Beispiel nach einer Zwangsverheiratung, geflohen waren. Heute würde man von einem Frauenhaus sprechen. Ende des 19. Jahrhunderts wurde das Konvent im Rahmen der Befestigungsarbeiten am Tiberufer größtenteils abgerissen, weil es im Weg war. Auch der Kirche drohte der Abriss, doch wurde sie nach etlichen Jahren, in den sie ungenutzt blieb, vor 1900 restauriert.

Eigentlich ist diese Kirche nicht besonders interessant, wäre da nicht an der Wand, rechts vom Altar, ein bizarres Werk von Bernini zu bewundern: das Gedenkmonument für Ippolito Merenda, einen Kirchenrechtler. Ein geflügeltes Skelett hält mit Händen und Zähnen ein aus Stein gehauenes Tuch mit dem Epitaph für Merenda.

Via della Lungara 273

Nur während der Messen, an Wochentagen um 7, an Feiertagen 8 u. 11 Uhr

74

Basilica di San Pancrazio und Katakomben

★★★ ● ■

Es geht steil hinunter

Im Bereich Monteverde, ein Stück entfernt vom Gianicolo, liegt fernab von den Touristenströmen die Basilica di San Pancrazio mit dem angeschlossenen Karmeliterinnenkloster. Zur Kirche gelangt man durch eine kleine Allee, an deren Ende eine Säule steht.

Die Kirche geht zurück ins sechste Jahrhundert. Rund hundert Jahre später wurde die Basilika grundlegend umgebaut. Im frühen 17. Jahrhundert erhielt sie ihr heutiges barockes Aussehen.

Als San Pancrazio gegründet wurde, lag dieses Gelände weit vor den Toren der Stadt an der alten Via Aurelia. Der Legende nach war dies der Ort, an dem Pankratius zur Zeit des Kaisers Diokletian (um 304) enthauptet worden sein soll. In den hier angelegten Katakomben fand er seine letzte Ruhestätte. Die Gebeine liegen in einem Porphyr-Sarkophag unter dem Altar. Auf der mächtigen hölzernen Kassettendecke ist eine eindrucksvolle Darstellung des Heiligen mit Schwert und Palme zu sehen. Erst 1966 wurde das Haupt des Pankratius wieder hierhergebracht, nachdem es zuvor 850 Jahre lang im Lateran aufbewahrt worden war, und befindet sich nun im rechten Seitenschiff in einer silbernen Büste des Heiligen.

In den Wirren der napoleonischen Eroberung Roms, bei der es in der ganzen Stadt zu schweren Verwüstungen und

---

Piazza di San Pancrazio 5
An einem sonnigen Tag bietet sich ein Spaziergang an.
Wer aber nicht laufen will, kann auch einen Bus nehmen:
Nr. 75 ab Termini bis zur Kreuzung Via Fratelli Bonnet/Via Giacinto Carini (Busfahrer fragen).
Basilika: werktags 8–13 u. 16.30–19 Uhr; Sonn- u. Feiertage 8–13 u. 16.30–20 Uhr
Katakomben: Di u. Do 9.30–12; Mi 9.30–12 u. 16.30–17.30 Uhr.
Eine Anmeldung ist nicht nötig. Meist kommen nur wenige Besucher,
da San Pancrazio etwas abgelegen ist, aber das ist gerade der Vorteil.
Näheres unter www.sanpancrazio.org.

Plünderungen kam, wurde auch San Pancrazio in Mitleidenschaft gezogen. Die Kirche wurde von den Soldaten als Stall missbraucht. Die Stelle, an der früher die Kanzel war, die von den Franzosen zerstört wurde, ist links im Hauptschiff durch eine Zeichnung kenntlich gemacht.

In der Sakristei, ganz hinten auf der rechten Seite, befindet sich ein kleines Museum mit Spolien und anderen Fundstücken aus den Katakomben, die seit einiger Zeit wieder zugänglich sind, nachdem sie lange aus Sicherheitsgründen geschlossen waren. Der Eingang befindet sich in der Mitte der Basilika zwischen dem dritten und dem vierten Pfeiler. Hinter einem Gitter muss eine Falltür geöffnet werden, dann geht es steil hinab. Das weitverzweigte Gängesystem ist in drei Gruppen gegliedert und erstreckt sich unter der Basilika weiter bis unter das Konvent nebenan. Natürlich kann man nur einen kleinen Teil begehen, aber das lohnt sich unbedingt, denn hier ist alles etwas enger und steiler als zum Beispiel in San Callisto oder San Sebastiano. Großartige Malereien gibt es hier nicht, aber der Gesamteindruck macht den Unterschied. Besonders interessant ist eine Grabkammer im etruskischen Stil, wie man sie zum Beispiel in der Nekropole von Cerveteri sehen kann. Dazu kommen christliche Symbole wie der Fisch (das griechische Wort für Fisch lautet ΙΧΘΥΣ – sprich: „ichthüs". Dieses Wort ist zugleich ein Akronym, also ein Wort, das aus Anfangsbuchstaben gebildet ist. *ΙΧΘΥΣ* steht für **I**esus **X**(Ch)ristos **Θ**(Th)eou **Y**ios **Σ**(S)oter (Jesus Christus Gottes Sohn, der Retter).

→ Stichwort: Sankt Pankratius

Pankratius wurde um 290 in der heutigen Türkei geboren, war früh verwaist, aber wohlhabend und reiste mit seinem Onkel Dionysius 303 nach Rom. Er wurde von Papst Marcellinus getauft und geriet 304 in die strengen Christenverfolgungen unter Kaiser Diokletian. Da er seinem Glauben nicht abschwören wollte, wurde der erst 14-Jährige enthauptet; sein Leichnam wurde den Hunden zum Fraß vorgeworfen, jedoch geborgen und in die Katakombe gebracht.

Pankratius ist der Patron der Erstkommunikanten und Kinder sowie der jungen Saat und Blüte; er wird angerufen gegen Meineid, falsches Zeugnis, Krämpfe, Hautkrankheiten und Kopfschmerzen. Gedenktag ist der 12. Mai, er zählt somit zu den „Eisheiligen".

Bauernregeln: Wenn's an St. Pankratius gefriert, wird viel im Garten ruiniert.

Pankrazi, Servazi, Bonifazi sind drei frostige Bazi und am Schluss fehlt nie die kalte Sophie.

→ Stichwort: Katakomben

Insgesamt gibt es in Rom ca. 65 Katakomben, von denen aber die meisten nicht zugänglich sind. Die bisher bekannte Länge wird auf ca. 900 km (!) geschätzt. Die bekanntesten (San Callisto und San Sebastiano) liegen an der Via Appia Antica. Die weit verbreitete Ansicht, die Katakomben seien Verstecke der verfolgten Christen gewesen, ist völlig falsch. Wie hätten denn in einem so gut überwachten Staat wie dem Römischen hunderte Kilometer lange Gänge über mehrere Stockwerke unbemerkt aus dem Tuffstein herausgehauen sein sollen? Völlig unmöglich. Nein, die Katakomben waren nichts weiter als unterirdische Friedhöfe für Ärmere, weil der

Grund oben an den Ausfallstraßen viel zu teuer war. Die Gräber, weiter draußen an der Via Appia Antica oder die an der → Via Latina (92) sind die von reichen oder sehr reichen Familien. Da viele Christen aus den unteren Schichten stammten, waren die Katakomben die einzigen möglichen Bestattungsorte, auch wenn es da auch edel geschmückte Grabkammern reicherer christlicher Familien gibt.

75

Sant'Onofrio al Gianicolo

✶✶✶ ●

Ein seltsamer Heiliger mit langem Haar

Sant'Onofrio liegt am Nordrand von Trastevere und zählt zu den bezauberndsten Orten, die man in Rom finden kann (in etwa zwischen dem Petersdom und der Villa Farnesina direkt bei der Kinderklinik Ospedale del Bambino Gesù).

Kirche, Kloster und Kreuzgang wurden in der ersten Hälfte des 15. Jahrhunderts gegründet.

Zu der am Hang gelegenen Kirche führen ein paar Stufen. Zuerst gelangt man zu einem Vorhof und einem Säulenumgang (*porticus*) auf der rechten und einem mit Bäumen bestandenen kleinen Garten mit einem Brunnen auf der linken Seite, der aus verschiedenen Teilen zusammengebastelt wurde, die in städtischen Lagerhäusern herumlagen. Von hier aus hat man einen großartigen Blick auf Rom und den Petersdom. Im Säulengang sind prächtige Lunetten zu sehen (halbkreisförmige Bilder/Fresken in den Bögen von Kreuzgängen. Der Begriff stammt aus dem Französischen: *lunette* = kleiner Mond/Halbmond).

Die Kirche besteht aus einem sehr schön ausgeschmückten Hauptschiff mit einer ungewöhnlich ausgestalteten Apsis über dem kleinen Altar und fünf Seitenkapellen. In der ersten auf der linken Seiten befindet sich das Grab des Dichters Torquato Tasso, der hier 1595 verstarb, am Tag bevor er die Ehren eines Poeta Laureatus erhalten sollte. Aus dem 19. Jahrhundert stammt zudem ein großes

---

Piazza di Sant'Onofrio 2

Mo–Fr u. So 9–13 u. 15–18 Uhr (im August geschlossen)

Grabmonument für den Dichter. In den Räumen, die er bewohnte, wurde ein kleines Museum eingerichtet. Auf der rechten Seite liegt die Kapelle mit dem Bildnis des heiligen Onofrio.

Über das Atrium gelangt man zu einem bezaubernden kleinen Kreuzgang, der ebenfalls reich geschmückt ist, unter anderem mit Lunetten, die Szenen aus dem Leben des Onofrio darstellen. Über dem Kreuzgang erhebt sich ein Loggiageschoss.

In Sant'Onofrio befinden sich zahlreiche Gräber und Grabtafeln (Epitaphe), an der Außenseite sind Erinnerungstafeln angebracht, die zum Beispiel an den Besuch Goethes erinnern (der Dichterfürst berichtet darüber in seiner *Italienischen Reise* – 16. Februar 1787; angebracht wurde die Tafel 2003).

→ Stichwort: Sant'Onofrio

Onuphrios stammte aus Abessinien (Äthiopien), war von hoher Abstammung, wurde aber Mönch und lebte zurückgezogen und asketisch in einem Felsenkloster im Kappadokien (Türkei). Wie auch auf den zahlreichen Darstellungen auf den Lunetten zu sehen ist, trug er keine Kleidung; fast knielanges Haupthaar und ein ebenso langer Bart verdecken dezent seine Blöße.

Wann er genau gelebt hat, ist nicht bekannt, nur dass er wohl Ende des vierten Jahrhunderts gestorben ist. Von den Kopten (ägyptische Christen, die ihre Herkunft von den alten Ägyptern ablei-

Kreuzgang von Sant'Onofrio al Gianicolo

ten – im Gegensatz zu den viel später zugewanderten Arabern) wird er schon seit dem 7. Jahrhundert verehrt und ist durch die Kreuzfahrer auch in Europa bekannt geworden. Am Haus Nr. 17 am Marienplatz in München ist ein großes Mosaik angebracht, das den Heiligen abbildet. Schon viel früher gab es hier Darstellungen von Onuphrios, der auch Stadtpatron Münchens ist, seit Heinrich der Löwe (1129–1195), der Gründer der Stadt, Teile des Schädels von dem Heiligen mitgebracht haben soll. Diese Reliquie wurde in der St.-Laurenz-Kapelle (14. Jh.) aufbewahrt, verschwand aber beim Abriss im 19. Jahrhundert.

Onuphrios ist der Patron der Weber und der Prostituierten und schützt vor sexuellen Übergriffen.

Gedenktag ist der 12. Juni.

Sant'Onofrio

76

Complesso monumentale Santo Spirito in Sassia

✶ ✶ ■

Die erste Babyklappe

Der große mittelalterliche Komplex in der Nähe des Vatikans war eines der größten Krankenhäuser seiner Zeit und ein Ort früher medizinischer Forschung. Als Gründungsdatum gilt das Jahr 727, als der aus England stammende angelsächsische König Ina (auch Ine) eine Anlaufstelle für seine Landsleute geschaffen hat. Daher auch der Name „Sassia" = Sachsen. Von diesem ursprünglichen Bau ist nichts mehr erhalten, er verfiel, als nach der Eroberung Englands durch

---

Via Borgo Santo Spirito

Der Complesso Monumentale ist normalerweise nicht öffentlich zugänglich, aber sollte gerade mal das Tor (Nr. 2) offen stehen, kann man versuchen, einen Blick hineinzuwerfen. Ansonsten kann man per E-Mail Kontakt aufnehmen: info@giubilarte.it oder auch kurzfristig telefonisch unter +39 668352433 oder +39 668210854 einen Termin vereinbaren.

die Normannen (ab 1066) die Zahl der Rompilger stark zurückgegangen war. Papst Innozenz III. (1198–1216) sorgte für einen Neubeginn und übergab die Verantwortung für das Krankenhaus dem dazu gegründeten Orden der Brüder des Heiligen Geistes, der sich auch während des Exils der Päpste in Avignon im 14. Jahrhundert um die Einrichtung kümmerte. Papst Sixtus IV. (1471–1484) unterstellte sie 1477 unmittelbar dem Heiligen Stuhl. Wie wichtig der Komplex für die Kirche war, dokumentiert unter anderem, dass Papst Paul V. (1605–1621) gleich nach Amtsantritt zur Sicherstellung der Finanzierung den Banco di Santo Spirito ins Leben rief, die erste Bank in Rom (die heutige Banca di Roma hat hier ihre Wurzeln).

Der Eingang liegt in der Mitte des lang gestreckten Baukomplexes mit den Bogenreihen, bei der Hausnummer 2. Links davon befindet sich ein kleiner Vorbau mit einem Gitter, der fast wie ein kleiner Altar wirkt: Es ist die erste „Babyklappe" überhaupt, die 1198 eingerichtet wurde. Hier konnten Findelkinder und unerwünschte Babys „abgegeben" werden, die dann eine sichere Bleibe fanden. Heutige italienische Familiennamen wie De Angelis (von den Engeln), Di Dio (von Gott), Innocenti (Unschuldige) oder, im Großraum Neapel, Esposito (Betonung auf dem ersten „o"; ausgesetzt) gehen auf solche Kinder zurück.

Betritt man nun das Gebäude, steht man in dem großen, Tiburium genannten, oktagonalen Zentralbau vor einem imposanten, von Marmorsäulen umgebenen Altar. Er soll ein Werk von Palladio sein, der für seine Villen im Veneto berühmt ist, sein einziges in Rom. Hinter dem Tiburium gelangt man zu einem der beiden Kreuzgänge mit einer Loggia. Auf der rechten und linken Seite öffnen sich die beiden 120 Meter langen Säle, die Corsia Sistina mit der Sala Baglivi und der Sala Lancisi (Ende des 19. Jahrhunderts nach zwei bedeutenden Ärzten benannt, die hier praktiziert haben).

Oben, zwischen den Fenstern, erzählen Fresken die Geschichte des Ospedale und die von Innozenz III. Die Kreuzigungsszene, ganz hinten links, am Ende des Saales überdeckt ein darunter liegendes Fresko, das aber vorher entfernt wurde. Daher kann nur spekuliert werden, was hier verdeckt werden sollte. Es handelte sich möglicherweise um eine Szene, in der Kinder getötet werden, die bei einer Vergewaltigung gezeugt wurden. Zumindest lassen die lateinischen Texttafeln diesen Schluss zu. Die Biblioteca Lancisiana aus dem 18. Jahrhundert mit über 20.000 Werken und fast 400 Handschriften ist leider nicht zugänglich.

77

Vatikanische Nekropole unter dem Petersdom

★★★

Befindet sich hier das Grab von Petrus?

Die meisten Besucher im Vatikan kennen die sogenannten Grotten unter dem Petersdom. Dort sind zahlreiche mehr oder weniger prächtige Sarkophage mit den sterblichen Überresten von Päpsten aus unterschiedlichen Epochen. Darunter befindet sich eine Nekropole aus römischer Zeit. Die Zahl der Besucher ist aus Platzgründen limitiert, eine längerfristige Anmeldung daher unbedingt erforderlich.

Der Eingang zur Nekropole liegt an der linken Seite des Petersdoms. Dazu muss man außerhalb der Kolonaden von Bernini zu den hier postierten Soldaten der Schweizer Garde. Dann wird genauso wie beim Petersdom kontrolliert. Wenn Sie zum Cimitero Teutonico wol-

Eingang zur Nekropole liegt an der linken Seite des Petersdoms

Für den Besuch der Nekropole ist eine Anmeldung per Internet nötig, der Eintritt wird über die Kreditkarte abgebucht. Je früher man sich anmeldet, umso eher kann man auch einen gewünschten Termin buchen. Fotografieren ist streng untersagt, auch größere Taschen oder gar Rucksäcke dürfen nicht mitgenommen werden.

Genaue Informationen zur Anmeldung: www.vatican.va/roman_curia/institutions_connected/uffscavi/index_it.htm … und dann die gewünschte Sprache (z. B. tedesco) anklicken.

UFFICIO SCAVI
Fabbrica di San Pietro
00120 Città del Vaticano
Tel. +39 669885318
E-Mail: scavi@fsp.va; uff.scavi@fabricsp.va

len, dem Deutschen Friedhof im Vatikan, bzw. wenn Sie Ihre Anmeldung für den Besuch der Nekropole vorzeigen, dürfen Sie passieren.

Am Eingangstor muss man auf einen Führer warten, dann wird die kleine Gruppe einige Stufen nach unten geleitet, bis man den zugänglichen Teil der Gräberstadt erreicht hat. Die Luft ist immer etwas stickig und es ist relativ warm. Nun befindet man sich unterhalb der konstantinischen Basilika, kurz Alt St. Peter genannt.

Die römische Gräberstraße war ursprünglich nicht unterirdisch, sondern, wie die → Nekropole an der Via Triumphalis im Vatikan (78) auf allgemeinem Straßenniveau auf der Südseite des Vatikanischen Hügels. Sie lag einst vor den Toren der Stadt, da Gräber innerhalb römischer Städte nicht zulässig waren.

Der Apostel Petrus soll unter Nero ca. 64–67 dort, wo sich der Circus (Pferderennbahn) des Caligula befand, (mit dem Kopf nach unten) gekreuzigt worden sein.

Dass es überhaupt dazu kommen konnte, „erklärt" die berühmte Quo-vadis-Legende: Als Petrus auf der Flucht aus Rom war, soll ihm Jesus an der Via Appia Antiqua begegnet sein. Er soll ihn gefragt haben „Domine, quo vadis?" Jesus antwortete, dass er nach Rom gehe, um sich an Petrus' Stelle ein zweites Mal kreuzigen zu lassen. Daraufhin sei Petrus umgekehrt und soll dort, wo heute der Petersplatz ist, mit dem Kopf nach unten gekreuzigt worden sein. An der Via Appia Antica steht an der Stelle des Zusammentreffens die kleine Kirche → Domine Quo Vadis (90).

Seine sterblichen Überreste wurden in diese Nekropole gebracht. Anfang des vierten Jahrhunderts lies Kaiser Konstantin deshalb genau hier eine Basilika errichten. Dazu musste ein Teil des Vatikanischen Hügels abgetragen werden, um ein flaches Gelände zu bekommen und die Nekropole mit dem Material aufzufüllen. Nur das vermutete Petrus-Grab blieb frei, darüber stand der Altar, damals wie heute.

Erst Mitte des 20. Jahrhunderts wurde mit Ausgrabungen begonnen. Dabei wurden zahlreiche Mausoleen, Grabhäuser römischer Familien, freigelegt, die heute zugänglich sind. Archäologen haben sie alphabetisch geordnet. Jedoch ist nicht das gesamte Areal der Nekropole ausgegraben, sondern nur der vermutlich wichtigste Teil. Grübe man weiter in Richtung Hauptportal des Petersdoms, würde die Statik der mächtigen Fassade gefährdet.

Der Weg führt nun zu einer schmalen Straße. Auf beiden Seiten befinden sich die Grabbauten. Die Führung beginnt meist beim Mausoleum Z, dem „ägyptischen" (Ende 2 .Jh.). In der Mitte erkennt man ein Bild des falkenköpfigen Gottes Horus, links daneben den Apis-Stier und rechts eine weitere Gottheit, vermutlich der affenköpfige Hapi, ein Sohn des Horus. Wie auch in anderen Gräbern stehen hier einige geschmückte römische Steinsarkophage, in denen Reiche bestattet wurden. Wer sich so etwas nicht leisten konnte, fand in den kleineren Nischen für Urnen seine letzte Ruhestätte. Da die Gräber oft über mehrere Generationen genutzt wurden, konnte man zum Beispiel im Mausoleum H über 170 Bestattungen nachweisen.

Das große Grab Φ gehörte einer sehr wohlhabenden Familie, den Marci, und ist, ebenso wie Grab Ψ, mit schönen Fresken geschmückt. Auch bei einigen anderen Gräbern kennt man die Namen der Besitzer. So beispielsweise Grab A von Caius Popilius Heracla (auf der anderen Seite), mit einer ausführlichen Inschrift über dem Portal.

Auch in Grab B und C weisen Inschriften auf die jeweilige Familie hin (Fannia Redempta – B und Lucius Tullius Zethus – C).

F ist das zweitgrößte Mausoleum und zugleich das erste, das bei den Ausgrabungen (1941) entdeckt wurde. Es gehörte den Familien der Caetenni und Tulli. Die zahlreichen Nischen lassen Schätzungen von gut 120 Bestattungen zu.

Viele Grabinschriften geben mehr über die Verstorbenen preis als nur ihren Namen, zum Beispiel die Tafel für Gorgonia:

ANIMA DULCIS
GORGONIA
MIRE ISPECIE ET CASTITATI
EIVS AEMILIE GORGONIAE QVE
VIXIT ANN XXVIII
MENS II D XXVIII
DORMIT IN PACE
COIVGI DVLCISSIME
FECI

Gorgonia
liebliche Seele
der wunderbaren Schönheit
und Keuschheit
der Aemilia Gorgonia [gewidmet],
die 28 Jahre, 2 Monate und 28 Tage
gelebt hat.
Sie ruht in Frieden
Ich habe [dieses Grab] für meine
allerliebste Gattin
errichtet.

Das kleine Grab G wird „Grab des Lehrers“ genannt, weil ein schönes Fresko vermutlich eine Schulszene darstellt. Ein bärtiger Mann mit einer Schriftrolle sitzt an einem Tisch, daneben steht ein Junge, vielleicht sein Schüler.

Das größte Mausoleum ist H. Eigentümer war Caius Valerius Herma. Es hat viele Nischen, ist großzügig angelegt und reich geschmückt. Besonders schön sind die kunstvollen Stuckverzierungen.

Das kleinere Grab I fällt durch seine farbenprächtige Ausgestaltung auf. An den Wänden erzählen die Bilder die Alcestis-Geschichte (Alcestis, eine junge Frau, opfert ihr Leben für Admetus und wird von Herakles aus dem Hades ins Leben zurückgeholt). Das Fußbodenmosaik zeigt Merkur und die Quadriga des Pluto.

Grab M ist das einzige rein christliche Grab der bisher bekannten Nekropole. Es wurde schon Ende des 16. Jahrhunderts im Rahmen der Bauarbeiten für den Petersdom entdeckt. Es ist mit Mosaiken ausgestaltet, die Weinreben und biblische Szenen (der gute Hirte und Jonas mit dem Wal„-fisch") darstellen.

Grab S befindet sich direkt unter Berninis Altarbaldachin im Petersdom. Auf der leider verlorengegangen Inschriftentafel fordert Flavius Agricola zu einem lusterfüllten Leben auf (frei übersetzt: Ihr Freunde, die Ihr dies lest, hört auf meinen Rat: Schenkt Euch Wein ein und trinkt reichlich … und seid offen für sexuelle Abenteuer mit schönen Mädchen. Erde und Feuer zerstören alles, was nach dem Tod übrig bleibt).

Der eigentliche Grund, dass diese Nekropole zugänglich gemacht wurde, ist der Bereich P wie Petrus. Hier soll sich das Grab des Apostels befinden. Ca. 100 Jahre später wurde hier eine sogenannte Ädicula (Häuschen, kleiner Tempel) erbaut, direkt an der roten Wand. Um das mutmaßliche Grab des Petrus herum waren weitere Gräber, vermutlich für diejenigen, die so nahe wie möglich bei ihm sein wollten. Es lässt sich natürlich nicht mit Sicherheit nachweisen, dass die gefundenen Reste wirklich die des Apostels sind, da mangels Vergleichspersonen auch keine DNA-Probe möglich ist. Wenn denn ein Beweis überhaupt nötig ist, dann erscheint mir die Graffiti-Wand (gegen Ende des 2. Jh.) an der Nordseite der Ädicula am ehesten dazu geeignet, denn damals war sicher besser als heute bekannt, wo genau Petrus begraben wurde. Und da die Römer, wie wir unter anderem aus Pompeji wissen, immer schon gerne alles bekritzelten, lässt das am ehesten den Schluss zu, dass es tatsächlich das richtige Grab sein kann. Da man in dem eigentlichen Grab nichts gefunden hat, jedoch in der Graffiti-Wand Reste von Gebeinen, die dort wohl zum Schutz eingemauert wurden, wird diese Vermutung noch eindeutiger.

Der Weg führt um den Bereich P herum, vorbei an der kleinen, reich geschmückten Clementinischen Kapelle, von Papst Clemens VIII. (1592–1605) in Auftrag gegeben, zu der erwähnten Graffiti-Wand.

78

Nekropole an der Via Triumphalis im Vatikan

★★★ ■

Die Sensation unter dem Parkhaus

Rom, genauer gesagt der Vatikan, hat seit einigen Jahren eine sensationelle Sehenswürdigkeit zu bieten, die bisher kaum bekannt ist. Es ist die Totenstadt, der antike Friedhof an der altrömischen Via Triumphalis, die am Vatikanischen Hügel vorbeiführte. 2003 entdeckte man beim Bau eines Parkhauses dieses Areal, das sich nun unter dem mittlerweile errichteten Parkhaus befindet und mit Gehwegen und Stufen ausgebaut ist, sodass man bequem alles ansehen kann. Auf einer Fläche von ca. 1000 m² sieht man zum Teil sehr gut erhaltene Mausoleen mit Mosaiken, Fresken und Stuck. Zahlreiche Grabsteine mit Inschriften wurden freigelegt. Dazu kommt eine große Zahl von Urnen, einige Skelette und fein ausgearbeitete Sarkophage. Hier wurden Angehörige aller Gesellschaftsschichten bestattet, Reiche und Arme. Auf Monitoren kann man virtuelle Rekonstruktionen verfolgen. Insgesamt ist die Nekropole noch viel größer, aber überall überbaut.

Einst lag die Nekropole unter freiem Himmel auf und an dem Vatikanischen Hügel und wurde erst später zugeschüttet, sodass sie nach und nach in Vergessenheit geriet. Die freigelegten Gräber stammen alle aus der Kaiserzeit (1. bis

---

Viale Vaticano 100

Die Nekrople ist nur nach vorheriger Anmeldung für kleine Gruppen zugänglich. Organisatorisch gehört die Nekropole zu den Vatikanischen Museen.

Näheres findet sich beim Archäologischen Institut des Vatikan: visiteguidategruppi.musei@scv.va

Online-Buchungen: http://biglietteriamusei.vatican.va/musei/tickets/do?action=booking&codiceLivelloVisita=12&step=1.

4. Jh.), wurden teilweise übereinandergebaut und sind keine christlichen, sondern „heidnische“ Gräber. Die Rohre, die immer wieder aus dem Boden herausragen, dienten dazu, dass Angehörige, die nach römischem Brauch am Todestag des Verstorbenen an seinem Grab eine Art Picknick machten, dort Wein oder Milch hineingossen, um ihn auch an dem Zusammentreffen teilhaben zu lassen.

Eine Grabtafel von einem Tabellarius, einem Postboten, lautet:

PRIMVS TA
BELLARIVS
SED VIVO FECI
SIBI ET
HERENNIAE
SECVNDAE
(Der Postbote Primus
hat zu Lebzeiten
[dieses Grab] für sich und
Herennia Secunda erbaut.)

Eine andere für Alcimus, der im Pompeius Theater beschäftigt war, lautet:

ALCIMO
NERONIS CLAVDI
CAESARIS AVG SER
CVSTODI DE THEATRO
POMPEIANO DE SCAENA
FECIT FABIA PHILTATE
ΔCOIVGI CARISSIMO
IN FR P IIIII IN AGR P V
(Fabia Philtate hat [dieses Grab]
für ihren liebsten Alcimus, Sklave des
Kaisers Nero Claudius und Bühnenwart
des Pompeiustheaters errichtet.
Fünf Fuß mal fünf Fuß.)

Auf eine Grabstele für einen kleinen Jungen ist eine Büste eingefügt und eine knappe Inschrift lautet:

HIC SITVS EST
TIB NATRONIVS VENVSTVS
VIXIT ANN IIII MENSES IIII DIES X
(Hier liegt der ehrenwerte
Tiberius Natronius.
Er lebte vier Jahre, vier Monate,
zehn Tage.)

Unter den kunstvoll geschmückten Marmorsarkophagen ist auch einer, der zwar sorgfältig ausgearbeitet ist, aber das Porträt in der Mitte fehlt, ist unbearbeitet. Es handelt sich um einen noch unbenutzten, denn auch solche aufwendigen Sarkophage wurden in Serie produziert. Man konnte auswählen und erst dann wurde das Bildnis des Verstorbenen eingearbeitet.

79

Cestius-Pyramide

Mitten in Rom ein Stück „Ägypten"

Eines der kuriosesten Bauwerke aus dem alten Rom ist die Cestius-Pyramide. Es ist das Grabmal des Gaius Cestius, über den wir eigentlich nur wissen, dass er 43 v. Chr. Prätor war, Volkstribun und Mitglied in einem Priesterkollegium. Und das wissen wir auch nur, weil es in der Inschrift auf der Pyramide steht: C(AIUS) CESTIUS L(UCII) F(ILIUS) POB(LILIA) EPULO PR(AETOR) TR(IBUNUS) PL(EBIS) VII VIR EPULONUM (Gaius Cestius, Sohn des Lucius, aus Poblilia – bei Rom –, Epulo, Prätor, Volkstribun, im Sieben-Männer-Rat der Epulonen). Und dann muss er noch sehr viel Geld besessen haben, um sich so ein Grabmal errichten lassen zu können. Die Pyramide ist ca. 36 Meter hoch, die Seitenlänge beträgt knapp 30 Meter. Weitere Inschriften auf der Pyramide lauten:

OPUS APSOLUTUM EX
TESTAMENTO DIEBUS CCCXXX
ARBITRATU PONTI P(UBLII) F(ILII)
CLA(AUDIA) MELAE HEREDIS
ET POTHI L(IBERTI)
(Der Bau wurde gemäß dem Testament in 330 Tagen fertiggestellt unter der Aufsicht von Pontius Mela, Sohn des Publius aus dem Bezirk Claudia, dem Erben und dem Freigelassenen Pothus.)

1663 wurde die Pyramide, wie diese Inschrift besagt, auf Veranlassung von Papst Alexander VII., restauriert:

INSTAURATUM AN(NO)
DOM(INI) MDCLXIII

Wie kam jemand auf die Idee, sich in Rom eine Pyramide bauen zu lassen? Ganz einfach. Ägypten und alles Orientalische waren „in". Cäsar und nach ihm Marcus Antonius hatten Liebesaffären

Piazzale Ostiense
Am 3. u. 4. Sa u. So im Monat um 11 Uhr
Nähere Informationen finden Sie unter www.coopculture.it/en/heritage.cfm?id=59.

mit Kleopatra, die im ganzen Reich für Schlagzeilen gesorgt hatten. Wenig später wurde Ägypten unter Augustus Teil des Römischen Reiches. Der Isis-Kult wurde populär und jeder reiche Römer machte nun gern mal auf „ägyptisch".

Wer die Originale in Ägypten kennt, wird erstaunt sein, wenn er in die Kammer der Cestius-Pyramide eintritt. Zuerst führt ein relativ niedriger Gang hinein und man muss den Kopf einziehen. Die Kammer selbst ist seltsamerweise nicht ägyptisch, sondern ganz schlicht im römischen Stil ausgestaltet. Und leider haben Eindringlinge schon vor langer Zeit Schmierereien hinterlassen.

80

Museum in der Porta San Paolo (Ostiense)

Mehr als nur ein Stadttor

Via Raffaele Persichetti 3

Di–So von 9–13 Uhr; Eintritt frei

In dem großen Stadttor der Aurelianischen Mauer (um 275 n. Chr.) neben der → Cestius-Pyramide (79) befindet sich ein kleines Museum, das sich mit der Geschichte der antiken Via Ostiense und mit Ostia und dem Hafen beschäftigt. Durch dieses Tor führte damals eine der Hauptverkehrsadern. Es wurde mehrfach umgestaltet und im Mittelalter zu einer wehrhaften Anlage ausgebaut. 1920 wurde es herausisoliert, damit der Verkehr auf der Piazza mehr Platz hatte. 1943 gab es hier heftige Gefechte zwischen den angreifenden deutschen Truppen und den Verteidigern der Stadt. Später wurden Teile der angrenzenden Mauer durch Bombardements zerstört.

In dem 1954 eingerichteten Museum sind diverse Fundstücke aus der Antike ausgestellt, darunter Inschriften, Reste von Malereien usw. Besonders interessant sind aber die ebenso liebevoll wie akkurat gefertigten Modelle von Ostia Antica und von der sechseckigen Hafenanlage Traians, die sich unweit vom Terminal in Fiumicino befindet. Im östlichen Turm sind Reste von Fresken aus dem 13./14. Jahrhundert erhalten, die zu einer Kapelle der byzantinischen Gemeinde gehörten.

Von den Befestigungsmauern weiter oben hat man einen schönen Blick auf die > Cestius Pyramide (79) und Teile des Cimitero Acatolico (der wunderschöne Friedhof dahinter, den man sich unbedingt ansehen sollte).

81

Nekropole an der Via Ostiense (Necropoli di San Paolo/Ostiense)

Was haben Tauben mit Gräbern zu tun?

Nicht weit von der Basilika San Paolo fuori le mura wurde vor rund 100 Jahren diese Nekropole entdeckt, als man die Via Ostiense verbreitern wollte. Es ist nur ein kleiner Teil ausgegraben worden, der Rest schlummert weiter unter der Erde.

Schon aus einiger Entfernung fällt die große Dachkonstruktion auf, die den freigelegten Teil vor Wettereinflüssen schützen soll. Ein hoher Zaun umgibt das Areal. Von außen kann man zwar erkennen, was sich hier befindet, richtig begutachten aber lassen sich die Gräber nur, wenn man zu einer offiziellen Besichtigung eingelassen wird. Die Treppen hinuntergehen kann man aber auch dann nicht, was aber nicht nötig ist, da man vom Geländer aus alles sehr gut sieht.

Die Urnengräber stammen mehrheitlich aus dem zweiten und vierten Jahrhundert nach Christus. Es handelt sich um sogenannte Kolumbarien, „Taubenhäuser", da die vielen Nischen einem Taubenschlag ähnlich sehen. Die Grabstätten, meist Familiengräber, sind fachgerecht in dem Zustand restauriert worden, in dem sie ausgegraben wurden. Größere mobile Fundstücke wurden unter anderem ins Kapitolinische Museum oder in das → Museum in der Porta San Paolo (80) bei der → Pyramide (79) ge-

---

Via Ostiense 190

Es finden regelmäßig Führungen statt, zu denen man sich anmelden kann (→ Liste der Organisationen in der Gebrauchsanleitung). Wenn man allein oder zu zweit ist, kann man auch direkt zum Treffpunkt kommen. In der Regel ist es kein Problem, sich spontan einer Führung anzuschließen.

Die offizielle Seite der Stadt Rom hat auch in Englisch zu fast allen Orten aktuelle Hinweise auf Führungen und kurze allgemeine Informationen: www.060608.it/en.

bracht. Die Gräber sind meist schlicht und ohne üppigen Schmuck: Es waren eher einfache Leute, deren Urnen hier bestattet wurden. Dennoch waren auch diese Grabstätten mit Malereien verziert, von denen noch einige wenige Reste zu erkennen sind, zum Beispiel ein kleiner Pegasus, das geflügelte Pferd.

82

Villa dei Quintili

★★●

So lebten Superreiche vor 2000 Jahren

Ein ganzes Stück weit draußen an der Via Appia Antica kommt man auf der linken Seite zu einem riesigen Areal mit weit verstreuten gewaltigen Ruinen aus dem alten Rom. Diese vor den Toren der Stadt gelegene Villa bestand aus zahlreichen Gebäuden. Sie wurde Mitte des zweiten Jahrhunderts nach Christus von den schwerreichen Brüdern Sextus Quintilius Valerius Maximus und Sextus Quintilius Condianus gebaut. Kaiser Commodus, der schreckliche Sohn des Philosophenkaisers Marc Aurel, ließ die beiden hinrichten. Angeblich waren sie in eine Verschwörung gegen ihn verwickelt. In Wirklichkeit wollte er sich diese Luxusimmobilie aneignen, um sie selbst zu nutzen.

Vom Eingang der Via Appia Antica gelangt man zuerst zu der ehemaligen Kirche Santa Maria Nuova. Wenn man parallel zur Via Appia weitergeht, kommt man zu dem großen Nymphäum, einer Art Brunnen- oder Quellenheiligtum, das im Mittelalter Teil einer Festung war. Im Hintergrund sieht man schon hoch aufragende Mauerreste. Doch bevor man dorthin geht, sollte man an der rechten Seite unter anderem die ehemaligen Zisternen bewundern. Die beiden turmartigen Ruinen, zu denen man nun kommt, waren Thermen, der Wohntrakt und weitere Gebäude. Hier befinden sich noch gut erhaltene Fußböden und massives Mauerwerk. Man kann einen ausführlichen Erkundungsgang unternehmen und die Fantasie schweifen lassen, wie es wohl einst hier zugegangen sein mag.

Nun führt der Weg einen Hang hinunter und man gelangt zu einem kleinen, aber schön gestalteten Museum, in dem Funde aus der Villa präsentiert werden.

Via Appia Antica 290 und Via Appia Nuova 1092

Di–So, 9 Uhr bis eine Stunde vor Sonnenuntergang; Zugang von der Via Appia Antica nur Sa u. So
Kombiticket mit Cecilia Metella und Caracalla-Thermen

Tipp: Bei schönem Wetter bietet es sich an, ab San Sebastiano einen ausgiebigen Spaziergang entlang der Via Appia Antica zu unternehmen. Am anderen Ende (Via Appia Nuova) angekommen, kann man mit Bus Nr. 664 zurückfahren und bei Colli Albani in die U-Bahn umsteigen. Ansonsten lassen sich natürlich beide Strecken fahren.

83

Spurensuche: Faschismus

★★●

Das Möchtegern-Imperium

Der Faschismus war der Wahn, das Römische Weltreich in seiner Größe und Macht wiederauferstehen zu lassen und war doch meist nur lächerlich. Der Begriff selbst stammt von den *fasces,* dem Rutenbündel mit einem Beil, das die Liktoren als Zeichen der Amtsgewalt der römischen Konsuln mit sich führten. Das lateinische Wort *fasces* wurde im Italienischen zu *fascio* (Bündel), aus dem wiederum *fascismo* (gesprochen „faschismo") wurde.

Überall in Rom stößt man auf Zeugnisse dieser Epoche. Wie die Nazis haben sich auch die italienischen Faschisten aus Mangel an eigenen Ideen überall bedient und somit vieles, das eigentlich ideologisch unbelastet war, bis heute in Misskredit gebracht. Das beginnt mit dem erwähnten Rutenbündel. Am Marcellustheater ist beispielsweise, von der Straße aus links, ein Relief eingelassen. Aber nicht überall, wo man dem Rutenbündel in der nachklassischen Zeit begegnet, hat es mit dem Faschismus zu tun. Die weibliche Figur (Giulia Farnese s. Bild S. 96) auf dem Grabmal von Papst Pius III. im Petersdom hält es als Symbol der Gerechtigkeit im Arm und an der Lincoln-Statue im gleichnamigen Memorial in Washington sind die *fasces* gleich zweimal abgebildet.

Am auffälligsten aber sind die architektonischen Hinterlassenschaften. Das EUR-Viertel (die Abkürzung steht für ***E**sposizione **U**niversale di **R**oma*) war für eine Weltausstellung gedacht, die jedoch wegen des Zweiten Weltkrieges nie stattfand. Man plante eine neue Stadt mit monumentaler Architektur (alle Herrscher aller Zeiten mit totalitären Ansprüchen liebten es, sich in Stein zu verewigen). Zu den herausragenden Bauten zählen der Palazzo della Civiltà del Lavoro (Palast der Arbeitskultur), das ob seiner Form Colosseo Quadrato genannt wird. Dieser Bau ist unfreiwillig zum Inbegriff des Faschismus geworden: große Fassade, innen hohl. Am anderen Ende des Viertels liegt das → Museo della

Civiltà Romana (84), mit der auffälligen Säulengalerie, die die beiden Gebäude rechts und links verbindet.

Ein besonders kurioses Relikt des Faschismus ist das große Relief am Palazzo Uffici von Publio Morbiducci aus dem Jahr 1939 (Via Ciro il Grande 16). Hier wird von oben nach unten die römische und italienische Geschichte so dargestellt, wie es den Faschisten gepasst hätte.

Es beginnt bei Romulus und Remus, zeigt Bauwerke wie die Trajansäule und das Kolosseum, Legionäre marschieren mit dem im zerstörten Tempel in Jerusalem geraubten 7-armigen Leuchter, der Menora, man passiert den Petersdom und steuert so allmählich auf den „Höhepunkt" zu: Mussolini, der „Duce", zu Pferd und vom Volk bejubelt.

Das große Relief am Palazzo Uffici, Via Ciro il Grande 16

Die Piazza Augusto Imperatore, die das hinter einem Zaun schlummernde Augustus-Mausoleum umschließt, ist ein weiteres Beispiel. Der Platz ist mit dem Grab des ersten Kaisers wohl gewählt und an den Bauten prangen nach wie vor markige Sprüche. Auch einige Häuser an der Via Petroselli, zwischen Marcellustheater und → Santa Maria in Cosmedin (40), sind Beispiele für den an der kaiserzeitlichen römischen Architektur angelehnten Baustil (Backstein und rechteckige Fenster).

Darüber hinaus findet man in Rom nach wie vor große Inschriften aus dieser unseligen Epoche, zum Beispiel über dem Eingang des Museums auf dem Palatin, wo immer noch Mussolini gehuldigt wird, oder die lateinische Inschrift auf dem Gebäude an der Piazza Sant'Andrea della Valle/Corso Vittorio Emanuele von 1937: ITALIAE FINES PROMOVIT BELLICA VIRTVS ET NOVVS IN NOSTRA FVNDITVR VRBE DECOR (Die Tapferkeit im Krieg hat die Grenzen Italiens erweitert und neuer Glanz breitet sich in unserer Stadt aus).

Schließlich wurde auch der Straßenverlauf verändert. Beispiele dafür sind die Via della Conciliazione (zwischen Engelsburg und Petersdom) oder die für Truppenaufmärsche breit angelegte Via dei Fori Imperiali (zwischen Vittoriano und Kolosseum).

Ein bizarres Monument ist der Mussolini-Obelisk am Foro Italico, früher Foro Mussolini. Der über 17 Meter hohe und rund 300 Tonnen schwere Monolith aus Carrara Marmor begrüßt auch heute

Mussolini-Obelisk am Foro Italico

Stadio dei Marmi (1932 eingeweiht)

noch die Besucher des Olympiastadions, in dem auch das WM-Finale 1990 stattfand (Deutschland gegen Argentinien 1–0). Noch immer trägt der feinsäuberlich restaurierte Obelisk die senkrecht angebrachte Inschrift MVSSOLINI DVX (Mussolini, Führer) und die unvermeidlichen *fasces*. Auch das Stadion, das längst modernen Ansprüchen angepasst ist, hat seinen Ursprung im Faschismus, denn nach den Nazis 1936 wollte Mussolini die Spiele 1940 ausrichten. Der Zweite Weltkrieg verhinderte dies. Erst 1960 war es dann so weit. Gleich neben dem Olympiastadion liegt das Stadio dei Marmi (1932 eingeweiht), das von 59 großen Marmorstatuen umringt ist. Die Athletenstatuen sind an den klassisch antiken Stil angelehnt, die Köpfe haben aber allesamt den dümmlichen Gesichtsausdruck, wie wir ihn auch von der „völkischen Kunst“ der Nazis her kennen. Auf einer 2013 aufgestellten Tafel hat das Stadion den Zusatz „Pietro Mennea“ erhalten, nach dem im selben Jahr im Alter von 60 Jahren verstorbenen früheren Weltklassesprinter und Olympiasieger Pietro Mennea, der unter anderem auch fünf Jahre Europaabgeordneter der linken Liste *I Democratici* war.

84

Museo della Civiltà Romana

★ ★ ●

Alles aus Pappe

giorgia/stock.adobe.com

Das EUR-Viertel (die Abkürzung steht für ***E**sposizione **U**niversale di **R**oma*) war für eine Weltausstellung geplant, die jedoch wegen des Zweiten Weltkrieges nie stattfand. Man plante eine neue Stadt mit monumentaler Architektur, ganz von dem Wahn besessen, ein neues Römisches Imperium zu begründen.

Hier befindet sich auch das Museo della Civiltà Romana, mit der auffälligen Säulengalerie, die die beiden Gebäude rechts und links verbindet. Es ist ein höchst ungewöhnliches Museum, denn es enthält kein einziges originales Stück – alles nur Gips und Plastik. Dennoch lohnt sich der Besuch. Man macht eine Zeitreise durch die römische Geschichte. Chronologisch aufgebaut und sehr gut beschriftet, stehen hier Kopien vieler bedeutender Werke, deren Originale in Museen über die ganze

Piazza Giovanni Agnelli 10, Quartiere EUR

z. Z. wegen Restaurierungsarbeiten geschlossen.
Aktuelle Informationen finden Sie unter www.museociviltaromana.it.

Welt verstreut sind. Dazu erstklassige Modelle, ob von Caesars Rheinbrücke, dem → Circus Maximus (43), von Theatern, Triumphbögen usw.

Eine weitere Abteilung des Museums beschäftigt sich mit dem römischen Alltag. Da gibt es Modelle römischer Bauernhöfe (*casae rusticae*), von Ladenszenen oder dem berühmten Mainzer Transportschiff mit den Weinfässern.

In einem langen Doppelgang, unter der Säulengalerie, schreitet man an einem Gipsabguss der Trajansäule in Originalgröße entlang, der Mitte des 19. Jahrhunderts gefertigt wurde. Die Säule ist Stück für Stück in 125 Teilen ausgestellt, sodass man auch Szenen studieren kann, die im Original viel zu weit oben sind, als dass man noch etwas erkennen könnte.

Der Abschluss des Rundgangs bildet zugleich auch den Höhepunkt: das faszinierende Rommodell (Zeit Kaiser Konstantins, ca. 320 n. Chr.), das viele aus Lateinbüchern oder von Postern her kennen.

85

Abbazia delle Tre Fontane

✶✶ ●

Ein magischer Ort der Ruhe

Wer im Lärm und Getriebe von Rom einen Ort der Ruhe sucht, der findet hier eine fast schon magische Atmosphäre.

Die Abbazia liegt nur zehn Minuten Fußweg vom → Museo della Civiltà Romana (84) im EUR-Viertel entfernt (rechts in die Via dell'Architettura, noch mal rechts in den Viale della Musica und am Ende der Straße links in die Via Labicana, ein Stück abwärts und dann auf der anderen Straßenseite rechts zur Abbazia – Via Acque Salvie. Oder mit der U-Bahn bis Laurentina und mit dem Bus ein Stück die Via Labicana zurück – Busfahrer fragen, wo man raus muss).

Im Bereich der Abbazia liegen drei Kirchen, Santi Vincenzo e Anastasio, Chiesa del Martirio di San Paolo – der Apostel Paulus soll hier 67 enthauptet worden sein – und Santa Maria Scala Coeli. Das Kloster gehörte ursprünglich den Zisterziensern. Doch ehe man dorthin gelangt, geht es durch den Karl dem Großen (Carlo Magno) gewidmeten Bogen. Hier befand sich einst ein – heute verschwundener – Freskenzyklus, in dem der Kaiser dargestellt war.

Die dreischiffige Kirche der Heiligen Vincenzo und Anastasio (Öffnungszeiten: 8–13 u. 15–18 Uhr Winter bzw. 19 Uhr Sommer) wurde nach den Regeln der Zisterzienser erbaut, also schlicht, einfach und schmucklos. Es ist ein besonderes Erlebnis, wenn man die Gelegenheit hat, einem Gottesdienst der Trappistenmönche, die seit 1868 hier leben, in der dunklen romanischen Kirche beizuwohnen. Durch das diffuse Licht, das durch die kleinen Fenster dringt, entsteht eine ganz eigene Atmosphäre. Die Kirche wurde 1221 dem Anastasius geweiht, erst 1370 kam auch San Vincenzo dazu, ein spanischer Märtyrer. Im linken Seitenschiff finden sich unter einer Glas-

---

Via Acque Salvie

Der gesamte Komplex ist tägl. von 6–20.30 Uhr geöffnet.

LXXXV

platte noch Reste aus dem siebten Jahrhundert, Zeugnisse einer früheren Kirche, die hier gestanden hat.

Die achteckige Kirche Santa Maria Scala Coeli (Öffnungszeiten: 8–13 u. 15–18 Uhr Winter bzw. 19 Uhr Sommer) stammt in ihrer heutigen Form aus dem 16. Jahrhundert. 1138 soll Bernard von Clairvaux hier in Gegenwart von Papst Innozenz II. eine Vision gehabt haben: Er sah eine Leiter, auf der Engel hinauf- und hinabstiegen, um die Seelen aus dem Fegefeuer zu retten. Daher der Name Scala Coeli – Himmelsleiter. Im Inneren,

Santi Vincenzo e Anastasio

auf der rechten Seite, befindet sich der Altar, der San Zeno, einem Märtyrer, geweiht ist, in der Mitte der Marienaltar und links der für Bernard von Clairvaux. In der Krypta ist noch ein Altar für San Zeno, bei dem man hinter den Fenstern links einen kleinen heidnischen Altar erkennen kann und rechts einen Winkel, in dem der Legende nach Paulus vor seiner Enthauptung gefangen gehalten worden sein soll. Die Fresken stellen ebenfalls Zeno und Paulus dar.

Weiter nach hinten führt ein schöner baumbestandener Weg zur Chiesa del Martirio di San Paolo (Öffnungszeiten: 8–13 u. 15–18 Uhr Winter bzw. 19 Uhr Sommer). Die dem Martyrium des Paulus geweihte Kirche ist der bedeutendste und spirituellste Ort in der Abbazia. Das Fußbodenmosaik im Inneren stammt aus Ostia Antica (2. Jh.) und ist den Jahreszeiten gewidmet: VER (Frühling) – AESTAS (Sommer) – AUTU(MNUS) (Herbst) – HIEMS (Winter). Hier befinden sich auch die drei Brunnen (*tre fontane*), die wundersamerweise nach der Enthauptung des Paulus zu sprudeln begonnen haben sollen und die der ganzen Anlage den Namen gegeben haben.

Der Klosterladen lohnt ebenfalls einen Besuch. Hier gibt es zahlreiche Produkte aus Klöstern: Liköre, Kosmetikprodukte, Leckereien u.v.a.m.

Santa Maria Scala Coeli

→ Stichwort: Santi Vincenzo e Anastasio

San Vincenzo stammte aus Spanien und wurde um 304 während der Christenverfolgungen unter Kaiser Diokletian grausam gefoltert, auf einen glühenden Rost gelegt und starb schließlich inmitten von Glasscherben. Dabei sollen ihn Engel getröstet und den Rost und die Scherben in ein Bett aus Blumen verwandelt haben. Anstelle einer Beerdigung wurde der Leichnam wilden Tieren vorgeworfen, aber wieder von Engeln geschützt, bis man ihn in Tierhaut eingenäht und mit einem Mühlstein beschwert ins Meer warf. Eine fromme Frau soll den Leichnam schließlich gefunden und bestattet haben. Reliquien des Heiligen sind nicht nur in dieser Kirche, sondern auch an verschiedenen weiteren Orten aufbewahrt.

Er ist unter anderem der Patron der Töpfer, Dachdecker, Winzer, Seeleute und Holzfäller, des Federviehs, der Kaffeehäuser, und er hilft bei der Wiedererlangung gestohlener Sachen.

Gedenktag ist der 22. Januar.

Bauernregel: Kommt Sankt Vinzenz tief im Schnee, bringt das Jahr viel Heu und Klee.

Sant'Anastasio (mit Beinamen „der Perser“, um ihn von anderen Heiligen dieses Namens unterscheiden zu können) starb 628 im heutigen Irak. Als Soldat im persischen Heer erlebte er ein Massaker an den Christen in Jerusalem. Er lies sich taufen und lebte als Mönch in Jerusalem, bis er Jahre später nach Persien zurückkehrte. Später, in Kirkuk (Irak), wurde er zusammen mit anderen Christen in einen Fluss geworfen und ertrank. Bereits 632 wurden die Reliquien von Papst Honorius I. nach Konstantinopel (Istanbul) gebracht und anschließend nach Rom in diese Kirche. Der Kopf jedoch befindet sich seit 1047 im Dom zu Speyer, wohin ihn Kaiser Heinrich III. mitgenommen hatte.

Anastasius ist Patron der Goldschmiede und hilft gegen Kopfschmerzen und Besessenheit.

86

Spurensuche: Deutsche Besatzung (Museo delle Fosse Ardeatine)

★★●

Widerstand und Gedenken

Zu den vielen dunklen Flecken in der deutschen Geschichte des 20. Jahrhunderts zählt auch der Einmarsch deutscher Truppen in Italien nach dem Sturz Mussolinis am 25. Juli 1943. Italien hatte nun endlich auf Frieden gehofft, doch es kam anders. Es wurde zum Kriegsschauplatz zwischen den Alliierten, den deutschen Besatzern und den für die Freiheit Italiens kämpfenden Partisanengruppen. Die deutschen Truppen, allen voran die SS, verbreiteten Angst und Schrecken bei den vormaligen „Waffenbrüdern". Ganze Ortschaften wurden ausradiert, es wurde willkürlich gemordet und zahllose Italiener wurden in die Konzentrationslager verschleppt oder Zwangsarbeiter in der Rüstungsindustrie.

Am 11. September 1943 wurde Rom von den deutschen Truppen besetzt. Obwohl Rom zur „offenen Stadt" erklärt war, also eine Stadt die (laut Artikel 25 der Haager Landkriegsordnung) nicht verteidigt wird und auch nicht angegriffen werden darf, scherte das die Deutsche Wehrmacht wenig. Zivilisten wurden ebenso wenig verschont wie Juden oder politische Gegner. Die Terrorzentrale befand sich in der Via Torquato Tasso 145 – heute ist hier das Museo Storico della Liberazione untergebracht (es erinnert in seiner Schrecklichkeit an die

---

Via Ardeatina 174
(etwa 200 Meter an der Straße entlang
von der Bushaltestelle der Nr. 218 bei den Callisto-Katakomben)
Mo–Fr 8.15–15.30 u. Sa u. So 8.15–16.30 Uhr

Stasizentrale und das Stasigefängnis in Berlin-Hohenschönhausen). Hier wurde ebenfalls gefoltert und gemordet.

Am 23. März 1944 verübten italienische Widerstandskämfer in der Via Rasella (zwischen Quirinal und Piazza Barberini) einen Anschlag, bei dem 32 SS-Soldaten umkamen. Daraufhin wurden willkürlich 335 Männer, darunter Juden, Jugendliche und sogar ein Priester, zusammengetrieben und einen Tag später in einer „Vergeltungsaktion", wie es offiziell hieß, in den Höhlen der Fosse Ardeatine ermordet. Um die Tat zu vertuschen, sprengten die Soldaten die Höhle, wurden aber beobachtet. Nach dem Krieg wurden die Fosse Ardeatine zu einer nationalen Gedenkstätte, in der in einer großen Halle auch die steinernen Sarkophage der Ermordeten stehen.

In ganz Rom sind an verschieden Orten Gedenktafeln angebracht, die an die Deportation, vor allem römischer Juden, erinnern (z. B. Via della Lungara 83 c, Via dell' Portico d'Ottavia 29 im Ghetto, Via degli Zingari 13/14 bei der U-Bahnstation Cavour und an der Synagoge). Außerdem gibt es vor den Häusern verschleppter und ermordeter Juden seit 2010 in den Boden eingelassene „Stolpersteine" (*pietre d'inciampo*) aus Messing, auf denen ihre Namen, der Tag der Deportation und, soweit bekannt, der Tag, an dem sie ermordet wurden, steht (z. B. Via della Reginella 2 im Ghetto; Via Arenula 41, auf der Höhe von San Carlo ai Catenari, Via Anicia 6 und Via della Luce 13 im Trastevere bei → San Francesco a Ripa, 63).

Die Aktion ist eine Idee des deutschen Künstlers Gunter Demnig. In Deutschland und in verschiedenen europäischen Ländern wurden schon über 70.000 solcher Stolpersteine zur Erinnerung an Opfer des Nationalsozialismus in Gehwege eingelassen.

Die Römer aber beugten sich ihren Besetzern nicht. Auf Wunsch des nicht unumstrittenen Papstes Pius XII. nahmen unter anderem die Augustinerinnen in → Santi Quattro Coronati (58) vom Herbst 1943 bis zur Befreiung Roms am 4. Juni 1944 jüdische Mitbürger auf, um sie zu schützen. Über 4000 Juden, so schätzt man, konnten so gerettet werden.

87

San Giovanni a Porta Latina und San Giovanni in Oleo

Ein idyllischer Ort

Da diese Kirche mit dem markanten Kampanile (Glockenturm; 13. Jh.) etwas außerhalb des Zentrums liegt und dort ohnehin so viele interessante Kirchen sind, ist sie kaum bekannt. Dabei ist San Giovanni a Porta Latina mit der großen Zeder eine wahre Idylle.

Die Porta Latina, nicht weit von der Porta San Sebastiano (→ Museo delle Mura, 89) entfernt, wo die Via Appia beginnt, gehört zur Aurelianischen Stadtmauer aus dem dritten Jahrhundert. Nur ein paar Schritte stadteinwärts liegt San Giovanni.

Die erste Basilika wurde schon im fünften Jahrhundert errichtet, es folgten grundlegende Umbauten im frühen achten Jahrhundert und 1191. 1798 missbrauchten sie französische Soldaten als Quartier. Nach dem Ende der Napoleonischen Invasion diente sie als Lagerraum, später sogar als Gerberei. Erst nach 1900 begannen sich Nonnen vom Orden der Annuntiatinnen um die arg heruntergekommene Kirche zu kümmern. Im Zuge dieser Restaurierungsarbeiten wurde auch der originale romanische Stil wiederhergestellt.

Die fünf Bögen der Vorhalle werden von vier antiken Säulen gestützt, ebenso die beiden Seitenschiffe. Der hölzerne Dachstuhl liegt offen. Fresken, die, so gut es ging, restauriert wurden, zeigen 46 Szenen aus dem Alten und Neuen Testament.

Neben der Kirche liegt das Missionskolleg der Ordensgemeinschaft der Rosminianer. Im Vorhof befindet sich ein

Via di San Giovanni a Porta Latina 17
San Giovanni a Porta Latina: tägl. 7:30–12.30 u. 15–19 Uhr
San Giovanni in Oleo ist normalerweise geschlossen,
man kann sich aber an den Pförtner des Rosminianer Kollegiums wenden.

Brunnen, flankiert von zwei Säulen, mit der lateinischen Inschrift IN NOMINE PAT[RIS] ET FILII ET SPI[RITUS SANCT]I (Im Namen des Vaters, des Sohnes und des Heiligen Geistes) und einem Zitat aus Jesaja (55,1): OMN[E]S SITIE[NTES VENITE AD AQUAS] (Ihr, die ihr dürstet, kommet zum Wasser), dazu noch die „Signatur" des Steinmetzes: EGO STEPHANUS (ich Stephanus).

In seinem *Journal du voyage en Italie, par la Suisse et l'Allemagne* über seine Italienreise 1580/81 berichtet der französische Philosoph Michel de Montaigne Folgendes: „In der Kirche San Giovanni a Porta Latina waren einige Jahre zuvor Herren aus Portugal einer seltsamen Bruderschaft beigetreten. Sie heirateten untereinander, Männer und Männer, mit religiöser Ernsthaftigkeit und mit denselben Zeremonien, mit denen wir unsere Hochzeiten durchführen. Sie feierten die Osterkommunion zusammen, lasen die Hochzeitspredigt und schliefen dann im selben Bett und lebten zusammen."

Diese Bruderschaft wurde 1578 aufgelöst. Elf Mitglieder wurden verhaftet, acht von ihnen in einem Gerichtsverfahren zum Tod durch Erhängen verurteilt. Vollstreckt wurde das Urteil auf der Engelsbrücke, die Leichen auf einem Scheiterhaufen verbrannt. Einer wurde freigesprochen, die übrigen zwei entgingen dem Tod, weil sie den Behörden halfen.

Nur ein paar Schritte entfernt befindet sich das kleine Oratorium **San Giovanni in Oleo**, ein hübscher, kleiner mit Marmorelementen geschmückter Ziegelbau. An dieser Stelle soll der Apostel Johannes das Martyrium erlitten haben. Der aus Karthago stammende frühe christliche Autor Tertullian (ca. 150–220) berichtet, dass Johannes auf Anordnung von Kaiser Domitian im Jahr 92 in siedendes Öl geworfen wurde, dies jedoch unbeschadet überstanden habe und daraufhin auf die griechische Insel Patmos verbannt wurde (*ubi apostolus Ioannes posteaquam in oleum igneum demersus nihil passus est, in insulam relegatur* – „De Praescriptione Haereticorum", XXXVI,3), daher auch der Name *in oleo* (im Öl). Der oktagonale Bau wurde 1509 errichtet und 1658 von Borromini restauriert.

San Giovanni in Oleo

88

Sepolcro degli Scipioni (das Grab der Scipionen) und das Kolumbarium

★★★ ■

Auch nach dem Tod noch mächtig

Die Familie der Scipionen zählt zu den legendärsten der römischen Geschichte. Ihr entstammt eine lange Liste bedeutender Persönlichkeiten, die alle wichtige Ämter innehatten, vor allem in der römischen Republik. Als der bedeutendste Vertreter dieser Patrizierfamilie gilt Publius Cornelius Scipio Africanus (235 v. Chr.–183 v. Chr.). Als endgültiger Sieger über Hannibal im Zweiten Punischen Krieg wurde er zum Retter Roms. Nach der Zerstörung Karthagos durch einen weiteren Scipio, Publius Cornelius Scipio Aemilianus Africanus minor Numantinus (185 v. Chr.–129 v. Chr.), hatte Rom über Jahrhunderte hinweg keinen ernst zu nehmenden Gegner mehr zu fürchten und konnte mehr oder weniger ungehindert das riesige Imperium schaffen.

An der Via di Porta San Sebastiano, die heute den Anfang der Via Appia Antica bildet (urspünglich begann sie am Kapitol), liegt die Grabanlage der Scipionen. Sie wurde zu Beginn des dritten Jahrhunderts vor Christus begonnen. Damals befand sich dieser Ort noch vor den Toren Roms, denn es war grundsätzlich verboten, Tote innerhalb der Grenzen einer römischen Stadt zu bestatten. Die Porta San Sebastiano (→ Museo delle Mura, 89), ca. 300 Meter weiter, gehört zur Aurelianischen Stadtmauer aus dem dritten Jahrhundert nach Christus. Nach dem Ende des Römischen Reiches geriet

---

Via di Porta San Sebastiano 9

Das seit 2012 wiedereröffnete Sepolcro degli Scipioni ist nur mit Führungen zugänglich. E-Mail: info@060608.it. Anmeldung unter www.sovraintendenzaroma.it/i_luoghi/roma_antica/monumenti/sepolcro_degli_scipioni.

die Grabanlage wie so vieles andere auch in Vergessenheit. Erst 1614 wurde sie wiederentdeckt, teilweise untersucht und es wurden Teile von Sarkophagen entfernt. Dann wurde die Anlage erneut vergessen und 1780 noch einmal entdeckt, als die Grundeigentümer, zwei Brüder namens Sassi, die hier einen Weinberg besaßen, einen Keller erweitern wollten.

Wenn man die Ausgrabungen dieser Zeit als dilettantisch bezeichnet, ist das noch ziemlich geschönt, denn es wurden schlimme Zerstörungen angerichtet. Es wurde mit roher Gewalt vorgegangen. So verschwanden die Reste der Gebeine aus den Sarkophagen auf Nimmerwiedersehen. Bei weiteren Grabungen Mitte des 19. Jahrhunderts und dann noch in den 1920er Jahren versuchte man den ursprüngliche Zustand zu rekonstruieren. Dabei wurde sogar eine kleinere Katakombe entdeckt. Leider sind längst nicht mehr alle Sarkophage erhalten. Dennoch kann man mittels der Inschriften die meisten noch zuordnen.

Gegenüber vom Eingang befindet sich der imposante, im Stil eines griechischen Altars gestaltete Sarkophag des Lucius

Cornelius Scipio Barbatus, der als Erster der Scipionen das Amt des Konsuls innehatte (298 v. Chr.). Darauf befinden sich zwei Inschriften. Oben in roten Buchstaben: CORNELIVS CNF SCIPIO (Cornelius Scipio, Sohn des Gnaeus). Unten steht (im Latein dieser Zeit):

CORNELIVS LUCIVS SCIPIO
BARBATVS GNAIVOD PATRE
PROGNATVS FORTIS VIR
SAPIENSQVE – QVOIVS FORMA
VIRTVTEI PARISVMA FVIT –
CONSOL CENSOR AIDILIS QUEI
FVIT APVD VOS – TAVRASIA

CISAVNA SAMNIO CEPIT –
SVBIGIT OMNE LOVCANAM
OPSIDESQVE ABDOVCIT
(Cornelius Lucius Scipio Barbatus,
Sohn seines Vaters Gnaeus, ein tapferer
und weiser Mann, dessen gutes
Aussehen seiner Tugend entsprach.
Er war bei Euch Konsul, Censor und
Ädil. Taurasia und Cisauna hat er in
Samnium eingenommen, Lukanien
gänzlich unterworfen und Geiseln
weggeführt.)

Es befinden sich noch eine Reihe weiterer Sarkophage von Angehörigen der Scipionen-Familie, genau genommen des Geschlechts der Cornelia, die zu den bedeutendsten Familien der römischen Geschichte gehört, in diesen Kammern. Die Inschriften geben uns Aufschluss über die einst hier Bestatteten. Die jüngsten Gräber gehören Angehörigen der Familie der Lentuli, einem Ableger der Cornelier.

Das unterirdische knapp 20 mal 20 Meter große Grab ist verwinkelt und in insgesamt 32 Kammern und Nischen gegliedert. Früher hatte es auch eine ansehnliche Fassade, das Grab war ja kein Versteck, es sollte repräsentieren. Das dreistöckige Gebäude darüber stammt ebenfalls noch aus der Antike.

Auch in der römischen Literatur wird das Grab der Scipionen erwähnt, zum Beispiel bei Cicero (*Tusculanae disputationes* 1, 7, 13) oder bei dem augusteischen Historiker Livius (in Rom befinden sich außerhalb der Porta Capena am Denkmal der Scipionen drei Statuen. Bei zweien soll es sich um Publius und Lucius Scipio handeln, bei der dritten um den Dichter Quintus Ennius – „ab urbe condita“ 38, 56).

Das Kolumbarium

Eine weitere Besonderheit in diesem Areal ist das unterirdische große Kolumbarium, zu dem Stufen hinunterführen. Es handelt sich hier um einen Friedhof für Urnen, die in Rohren untergebracht waren, die man in den zahlreichen Nischen erkennen kann.

Natürlich hat dieses Kolumbarium nichts mit einem Taubenschlag zu tun, woher der Name abgeleitet ist (lat. *columba* – Taube), es sieht nur so ähnlich aus.

89

Museo delle Mura in der Porta San Sebastiano

Was für ein Ausblick!

Aus den Zeiten der frühen Römischen Republik (4. bis 6. Jh. v. Chr.) stammen die Reste der Servianischen Mauer (z. B. vor dem Bahnhof Termini oder am Fuß der Aventin an der Piazza Albania). Nach dem vierten Jahrhundert vor Christus wurde diese Mauer zu klein, um die rasch wachsende Stadt zu schützen und, von wenigen Ausnahmen abgesehen, war auch keine Mauer nötig. Nach dem endgültigen Sieg über den einzigen ernst zu nehmenden Rivalen Karthago (146 v. Chr.) hatte Rom jahrhundertelang keine Gefahren oder Angreifer zu fürchten und benötigte keine Befestigung, wie auch die Städte im gesamten römischen Imperium keine Schutzmauern benötigten – es herrschte *pax Romana*, innerer Friede. Wenn wir uns heute an den „romantischen" mittelalterlichen Stadtmauern erfreuen und die vielen Burgen bewundern, verkennen wir meist, wie bitter nötig es damals war, sich zu schützen, weil der Feind im Nachbarort bereits darauf lauerte, einen Überfall und Beutezug zu unternehmen. Das Römische

Via di Porta San Sebastiano 18

Di–So 9–14 Uhr. Die Kasse schließt um 13.30 Uhr.

Reich kannte diese Sorgen nicht. Erst als im späten dritten Jahrhundert nach Christus die Grenzen des Reiches unsicher wurden und teilweise schon von wilden Stämmen gestürmt waren (z. B. am Limes), war es ratsam, wieder an umfangreiche Schutzmaßnahmen zu denken.

Unter Kaiser Aurelian (270–275) wurde mit dem Bau einer gewaltigen Mauer begonnen, die schließlich stolze 19 km lang und bis zu 6 Meter hoch war. Es gab 383 Wachtürme, 18 Tore gewährten Zugang zur Stadt. Und in einem der größten, der sehr gut erhaltenen Porta San Sebastiano mit den beiden stattlichen Türmen, befindet sich seit 1990 das Museo delle Mura, das Mauermuseum.

Zuerst muss man eine steile Treppe hinaufgehen, bevor man zur Kasse des Museums kommt. In den Räumen auf verschiedenen Ebenen erfährt man auf den informativen Schautafeln eine Menge über die Geschichte der Aurelianischen Mauer. Dazu kommen architektonische Skizzen, diverse archäologische Fundstücke und Mosaiken.

Am interessantesten aber ist es, wenn man über eine kleine Wendeltreppe ganz nach oben geht und den großartigen Blick genießt, der sich dort bietet. Wenn klare Sicht ist, sieht man weit über die Grenzen der heutigen Stadt hinaus bis zu den umliegenden Bergen. Am Tor beginnt die berühmte Via Appia. Blickt man nach rechts und links, kann man den Verlauf der Mauer verfolgen. Auch kann man nur hier hinter der Mauer ein paar hundert Meter die Wehrgänge entlanggehen und durch die schmalen Scharten in den Türmen nach draußen blicken.

90

Domine Quo Vadis (Santa Maria in Palmis)

Legende oder Wahrheit?

Via Appia Antica 51

tägl. 8–19 (Nov.–März) u. 8–20 Uhr (April – Okt.)

Die kleine Kirche an der Via Appia Antica, bei der Abzweigung der Via Ardeatina, auf halbem Weg zwischen der Porta San Sebastiano und den Katakomben von San Sebastiano, verdankt ihre Existenz einer Legende.

Als Petrus vor drohender Verfolgung aus Rom floh, soll ihm an dieser Stelle Jesus begegnet sein. Petrus fragte daraufhin: „Domine, quo vadis" (Herr, wohin gehst du?), worauf Jesus antwortete: „Venio Romam iterum crucifigi" (Ich komme nach Rom, um ein zweites Mal gekreuzigt zu werden). Daraufhin kehrte Petrus um und wurde wenig später mit dem Kopf nach unten gekreuzigt. Ort des Geschehens war der Circus des Nero, wo sich heute der Vatikan befindet, und unter Berninis Hauptaltar liegt das Grab des Petrus (→ Vatikanische Nekropole unter dem Petersdom, 77). Die Ketten, mit denen er gefesselt war, sollen die sein, die heute in San Pietro in Vinculis aufbewahrt werden. Ich habe mich allerdings immer schon gefragt, warum Petrus und Jesus miteinander Lateinisch und nicht Aramäisch gesprochen haben.

Die Kirche wurde im neuten Jahrhundert gegründet, in ihrer heutigen Form stammt sie aus der Mitte des 17. Jahrhunderts. Der Innenraum ist schlicht. Links befinden sich Bildnisse des Petrus, rechts von Jesus. In der Mitte der Kirche wird die oben erzählte Begegnung dargestellt, auf beiden Seiten des Altars die Kreuzigung.

Im Boden ist ein Stein eingelassen – leider nur eine Kopie. Es sollen die Fußabdrücke von Jesus sein, daher der eigentliche Name der Kirche „Santa Maria in Palmis". *Palma* bedeutet im Lateinischen auch „Handfläche" und ist hier auf die Fußabdrücke übertragen. Die nicht ganz erhaltene Inschrift erzählt – in Italienisch –, dass Christus hier Petrus traf und die Abdrücke seiner heiligen Füße hinterließ und dass sich der echte Stein in San Sebastiano befindet (ein Stück weiter die Via Appia entlang). Außerdem: *adoriamo questo loco* (Wir verehren diesen Ort). Und in Lateinisch: [HIC] STETERV[NT] PEDES EIVS (Hier standen seine Füße).

Natürlich ist so eine Geschichte auch ein idealer Stoff für einen Roman, und den hat der polnische Schriftsteller Henryk Sienkiewicz (1846–1916) geschrieben. Er umrankte das Ereignis mit der Liebesgeschichte des Marcus und der Lygia. *Quo vadis* wurde ein Bestseller und Sienkiewicz erhielt 1905 den Nobelpreis für Literatur. Sicher kennen die meisten auch die etwas kitschige Verfilmung von 1951 mit Peter Ustinovs grandioser Verkörperung von Kaiser Nero.

Auf der linken Seite ist die Büste des Schriftstellers zu sehen.

91

Circus des Maxentius

An der Via Appia gibt es nicht nur Katakomben

Wenn man nach einem Besuch in den Katakomben an der Via Appia noch Lust auf einen kleinen Spaziergang hat, bietet sich ein Besuch des Circus des Maxentius an. Maxentius wurde 306 Kaiser bis zur Niederlage gegen Konstantin im Jahr 312 in der Schlacht an der Milvischen Brücke.

Hält man sich stadtauswärts links, kommt man zunächst zu der weitläufigen Anlage der sogenannten Villa des Maxentius und schließlich zum Circus des Maxentius. Dessen Reste vermitteln einen besseren Eindruck, wie so eine Rennbahn ausgesehen hat, als der → Cir-

Via Appia Antica 153
Di–So 10–16 Uhr

cus Maximus (43), von dem nur ein kleiner Rest der Tribünen erhalten ist.

Hat man die Anlage betreten, wendet sich der Weg zuerst nach links. Auf der rechten Seite sieht man die Reste eines großen Turms, weiter hinten die eines weiteren. Zwischen den Türmen befinden sich die Startboxen *(carceres),* die verlost wurden. Der Kaiser oder der jeweilige Veranstalter ließ ein Tuch fallen, woraufhin die Türen der Boxen geöffnet wurden. Dann folgt die eigentliche Rennbahn, über 500 Meter lang mit der *spina* in der Mitte, der knapp 300 Meter langen Barriere, die die beiden Richtungen trennt. Einst stand hier auch der Obelisk, der heute Berninis Vierströmebrunnen auf der Piazza Navona krönt. Hier befanden sich auch einst die *metae,* die Wendemarken, an denen die Rundenzähler für die sieben zu bewältigenden Runden angebracht waren. Wie viele Zuschauer hier Platz fanden, ist schwer zu schätzen. Da der Circus eher „privat" war, waren es aber wesentlich weniger als im Circus Maximus, bei dem man in der größten Ausbaustufe bis zu 250.000 Zuschauerplätze annimmt (je nachdem, welche durchschnittliche „Hinternbreite" man als Bemessungsgrundlage hat).

Auf der anderen Seite schließt ein großes rechteckiges Areal *(Quadriporticus)* an, mit einem Gebäude in der Mitte. Es handelt sich um das Mausoleum von Maxentius' Sohn Valerius Romulus, der 309 im jugendlichen Alter verstarb. Möglicherweise ist er im Tiber ertrunken.

Der an ein rechteckiges Gebäude anschließende Rundbau sollte ursprünglich zwei Ebenen bekommen, wurde aber vermutlich nicht vollendet. Im Inneren wird er von einem zentralen Pfeiler mit Nischen für Sarkophage gestützt und von einem kreisförmigen Korridor umrundet.

92

Antike Gräber an der Via Latina

✶ ✶ ●

Auf einer original römischen Straße spazierengehen

Man fährt mit der U-Bahn bis Arco di Travertino und geht noch etwa zehn Minuten zu Fuß, bis man vor dem Eingang der Gräberstraße steht. Allein das ist schon ein Grund dafür, dass hier nie viele Besucher unterwegs sind. Ein Besuch aber lohnt sich.

Gleich nach dem Eingang geht man über eine original altrömische Straße, eine der Ausfallstraßen, an denen Grabbauten stehen, wie auch an der bekannteren Via Appia Antica.

Im alten Rom und im gesamten Reich war es nicht gestattet, Gräber innerhalb der Stadtgebiete anzulegen, nur außerhalb der Stadtgrenzen. Die Gräberstraße wurde erst im 19. Jahrhundert von Lorenzo Fortunati, einem Hobbyarchäologen, wiederentdeckt. Der Grund, der der berühmten Barberini-Familie gehörte,

---

Via dell'Arco di Travertino 151

Di–So 9 Uhr bis eine Stunde vor Sonnenuntergang

Man kann im gesamten Gelände herumlaufen. Im August geschlossen. Die Gräber können nur im Rahmen von Führungen besichtigt werden (am 2. Samstag und 4. Sonntag im Monat um 11 Uhr).

wurde 1879 vom italienischen Staat enteignet. Papst Pius IX. (1846–1878) unterstützte maßgeblich die Ausgrabungen, worauf eine Inschriftentafel am Eingang hinweist.

Gleich auf der rechten Seite steht das zweistöckige sogenannte Barberini-Grab, ein Backsteinbau aus dem zweiten Jahrhundert. Ein in der unterirdischen Grabkammer entdeckter Sarkophag steht heute in den Vatikanischen Museen. Das Grabmal der Valerier, ein Stück weiter, ist rekonstruiert. Zwei Treppen führen hinunter zu den beiden mit Stuck geschmückten Grabkammern.

Vom Grab der Pankratier auf der linken Seite ist die mit Fresken und Stuck geschmückte unterirdische Grabkammer erhalten geblieben. Wie sonst auch sind Szenen aus der antiken Mythologie dargestellt. Um sie zu schützen, wurde das Gebäude darüber errichtet.

Auch von weiteren Grabbauten sind nur die unterirdischen Kammern erhalten, die jedoch nicht zugänglich sind.

Noch etwas weiter hinten sieht man die Reste einer Kirche, in deren Innenraum Baumaterial gelagert wird. Es handelt sich um die ehemalige Basilica di Santo Stefano Protomartire.

93

Parco degli Acquedotti

★ ★ ●

Hinaus ins Grüne!

Man kann einen Ausflug in die römische Campagna machen, ohne die Stadt verlassen zu müssen. Dazu nimmt man die U-Bahn (die rote Linie Richtung Anagnina) und steigt an der drittletzten Station „Subaugusta" aus. Doch bevor es nun ins Grüne geht, sollte man noch einen Blick auf den Boden werfen. Von der nahen Cinecittà zieht sich eine angedeutete Filmrolle den Bürgersteig der Via Tuscolana entlang und alle 50 Meter steht auf einem Stern der Name eines italienischen Filmstars geschrieben (der römische *Walk of Fame* – Hollywood lässt grüßen!). Auch der legendäre, 1895 in Italien geborene Rudolph Valentino ist hier verewigt.

Nun aber führt der breit angelegte Viale Tito Labieno, benannt nach Caesars Unterfeldherrn, zu den Aquädukten. Nach ca. zehn Minuten endet die Stadt abrupt. Hier beginnt die grüne Landschaft vor der Stadt mit einem schönen Blick auf die umliegenden Berge.

Bei gutem Wetter kann man hier einen wunderschönen Spaziergang unternehmen und gleichzeitig die zahlreichen Sehenswürdigkeiten bewundern. Allen voran die Aquädukte, die dem Park den Namen gegeben haben. Gleich sieben

---

U-Bahnstation Subaugusta (Rote Linie, Richtung Anagnina)

Tipp: Caffè Delizie di Sicilia (bei der Metro Station Subaugusta), Via Tuscolana 985. Geöffnet: 5.30–00.00 Uhr. Angeboten werden süße Leckereien aus Sizilien; die Rezepte stammen aus der arabisch geprägten Epoche im Mittelalter.

marcorubino/stock.adobe.com

dieser bedeutenden Wasserleitungen, die aus den nahe gelegenen Albaner Bergen kommen, treffen sich hier, laufen parallel oder übereinander. Am eindrucksvollsten sind die bis zu 28 Meter hohen Bögen der Aqua Claudia, der nach Kaiser Claudius benannte Aquädukt, zu dessen Regierungszeit er 52 n. Chr. fertiggestellt wurde. Die Aqua Claudia hatte eine Länge von fast 70 km und führte bis ins Zentrum der Stadt. Dort, wo die lange Bogenreihe endet, erkennt man, dass darüber eine zweite Wasserrinne verläuft: der Anio Novus, eine weitere Wasserleitung. Über der Porta Maggiore, unweit vom Bahnhof Termini, sind die beiden Leitungen noch gut zu sehen. Auch die mit über 90 km längste Wasserleitung, die Aqua Marcia, Mitte des zweiten Jahrhunderts vor Christus erbaut, verläuft hier. Insgesamt gab es im alten Rom elf Wasserleitungen. Fachleute schätzen, dass täglich unglaubliche 400.000 m³ Wasser in die Stadt geflossen sind, um über tausend Brunnen, die großen Thermen und zahllose private Bäder zu speisen.

Nicht zu den antiken Wasserleitungen zählt der ebenfalls hier verlaufende niedrige Acquedotto Felice, den man mit ein paar Schritten überqueren kann. Er wurde erst unter Papst Sixtus V. (1585–1590) fertiggestellt und speist den Mosesbrunnen mit der mächtig misslungenen Mosesstatue (an der Ecke der Via XX Settembre, gegenüber → Santa Maria della Vittoria, 12).

Der Parco bietet noch eine Reihe Interessantes wie Reste römischer Villen und den mächtigen Bauernhof „Casale di Roma Vecchia“ (Privatbesitz) aus dem 13. Jahrhundert. Am Wochenende, bei schönem Wetter, ist hier immer viel los. Dann kommen die Römer zum Picknicken, zum Ballspielen usw. Besonders malerisch wirken die Bögen der Aquädukte bei Sonnenuntergang.

94

Museo Nazionale Etrusco di Villa Giulia

✶✶●

Das Lustschloss des Papstes

Corinto/stock.adobe.com

Ein Besuch im Etruskischen Nationalmuseum lohnt sich allein schon wegen der großartigen Villa Giulia. Die „Villa" ist das Lustschloss, das Papst Julius III. (daher der Name) im 16. Jahrhundert für sich errichten ließ.

Zu empfehlen ist unbedingt auch ein Rundgang durch die Anlage und insbesondere das Nymphäum mit den Flussgöttern und Nymphen und dem kühlenden Wasser. Das Wasser, das hier plätschert, stammt aus der Aqua Vergine, einer alten römischen Wasserleitung, die auch den berühmten Trevibrunnen speist.

Hier im Nymphäum wird seit 1947 die Entscheidung für den Premio Strega gefällt, einen der wichtigsten italienischen Literaturpreise.

Das meist nur wenig besuchte Museum ist erstklassig bestückt. Grandios ist auch die Keramik. Der vom Eingang aus

Piazzale Villa Giulia 9
Di–So 9–20 Uhr

gesehen linke Flügel ist am interessantesten. Das Prunkstück der Sammlung ist der Sarkophag mit dem lebensgroßen Paar mit dem geheimnisvollen Lächeln, das aus der Banditaccia-Nekropole in Cerveteri stammt (6. Jh. v. Chr.). Es wurde 1881 entdeckt, musste aber erst aus

über 400 Bruchstücken wieder zusammengesetzt werden. Die halb liegende Position des Paares – er mit nacktem Oberkörper, sie leicht bekleidet – stellt ein Gastmahl dar, bei dem man, ähnlich wie die Römer später, bei Tisch lag, nur nahmen bei den Römern keine Frauen teil. Vermutlich war der Sarkophag einst bunt bemalt, wie auch andere antike Statuen und Tempel, was nicht unserem Zeitgeschmack entsprechen würde.

Weitere herausragende Ausstellungsstücke sind der Apollo von Veji und die Goldtafeln aus den Tempeln von Pyrgi aus dem sechsten Jahrhundert vor Christus. Zwei der Tafeln sind in etruskischer Sprache verfasst, eine ist phönizisch und zugleich eine Übersetzung des etruskischen Texts. Es handelt sich um eine Weihinschrift für die phönizische Göttin Astarte. Sie sind das älteste vorrömische schriftliche Dokument in Italien, abgesehen von den griechischen Zeugnissen in Süditalien.

Auf keinen Fall verpassen sollte man den zeitlos schönen Goldschmuck im ersten Stock im Hauptgebäude, der aus etruskischen Gräbern stammt.

Entweder nimmt man den Bus Nr. 86 ab Termini bis zur Piazza Buenos Aires (Fahrer fragen) und von dort Bus Nr. 3 zur Piazza Thorvaldsen. Von da aus geht es geradeaus weiter, in einem Linksbogen, entlang der Staßenbahnlinie bis zum Eingang (ca. 500 Meter). Oder man nimmt die U-Bahn (rote Linie) bis Flaminio/Piazza del Popolo und steigt in der Via Flaminia in die Tram Nr. 2 bis zur Via Villa Giulia und geht dann rechts hoch zum Museum.

95

Quartiere Coppedè

★ ★ ●

SPQR (**s**ono **p**azzi **q**uesti **R**omani = die spinnen, die Römer)

Das verrückteste Stadtviertel Roms befindet sich etwas nördlich vom Zentrum und ist mit Bus oder Straßenbahn gut zu erreichen. Der aus Florenz stammende Architekt Gino Coppedè (geb. 1866) gestaltete das nach ihm benannte Viertel im Auftrag der Wohnbaugesellschaft Società Anonima Cooperativa Edifizione Moderna, die ihm völlig freie Hand ließ. Zwischen 1915 und 1926 wurden über 20 unterschiedlich große Häuser errichtet, kleinere Villen und große Wohnhäuser. Sie eint eine wilde Mischung verschiedenster Stilrichtungen und üppigen Schmucks. Noch beeinflusst vom Liberty Stil, ähnlich dem Jugendstil, geht Coppedè weit darüber hinaus und verbindet barocke, orientalische, antike, manieristische und mittelalterliche Elemente. Es waren noch mehr Gebäude geplant, die aber nie gebaut wurden. Coppedè starb 1927.

Man gelangt durch einen hohen Torbogen in der Via Dora in das Viertel – zu erkennen an dem riesigen eisernen Kronleuchter, der unter einem Wohnblock hängt. Den Mittelpunkt bildet die Fontana delle Rane an der Piazza Mincio, der Froschbrunnen.

Man muss sich etwas Zeit nehmen, um die vielen Details zu erkennen. Loggien und Balkone, Türme und Türmchen, gewagte Dachkonstruktionen. Es wimmelt geradezu von Fabelwesen an Eingängen, Türen und Fenstern. Man sieht Säulen, Bilder, Mosaiken und vieles mehr.

Die Häuser hatten für die Zeit vor rund hundert Jahren einen bemerkenswerten Wohnkomfort: Es gab Aufzüge,

Das Viertel ist mit den Straßenbahnlinien 3 oder 19
ab Porta Maggiore bis zur Piazza Buenos Aires zu erreichen.
Links an der Kirche (Santa Maria Addolorata – die argentinische Nationalkirche) vorbei,
in die Via Tagliamento und an der nächsten Kreuzung
halbrechts durch den Torbogen.

Heizung, separate Bäder und Toiletten. Heute ist das Coppedè Viertel eine sehr begehrte Wohnlage. Es ist vergleichsweise ruhig. Es gibt weder Läden noch Bars oder Restaurants, doch der von Platanen gesäumten Viale Regina Margherita ist nicht weit. Da es eine teure Wohngegend ist, leben hier meist begüterte Römer. Auch befinden sich in dem Viertel einige Botschaften, zum Beispiel die Polens oder Marokkos. Und für römische Verhältnisse gibt es hier viel Begrünung.

96

Ipogeo (Hypogäum) di Via Livenza

* * ■

Diana auf der Jagd

Von der Villa Borghese läuft man bequem in fünf Minuten zur Via Livenza. In der eleganten Straße mit herrschaftlichen Wohnhäusern, denen man die hohen Mieten ansieht, fand man 1923 bei Bauarbeiten zufällig ein spätrömisches Hypogäum aus dem vierten Jahrhundert, einen unterirdischen Raum. Der Eingang befindet sich am Ende einer abschüssigen Einfahrt auf der linken Seite (bei Haus Nr. 4).

Eine steile zum Teil noch originale Treppe führt zu dem unterirdischen Raum hinunter, in dem ein rechteckiges tiefes Marmorbecken sowie ein Rohr zu sehen sind, durch das Wasser eingeleitet werden konnte, darüber ein Bogen mit außergewöhnlich schönen und gut erhaltenen Fresken. In der Mitte befindet sich eine Nische mit gemalten Steinplatten, darüber, ebenfalls gemalt, ein Brunnen, Tauben und Blumen.

Links ist eine sehr gut erhaltene Szene mit einer Waldlandschaft zu sehen, in der zwei Hirsche herumspringen. Die Jagdgöttin Diana hält in der linken Hand einen Bogen und mit der rechten langt sie nach einem Pfeil. Rechts streichelt eine Nymphe ein Zicklein. Vor dem Becken befinden sich Reste eines farbenprächtigen Mosaikschmucks, die gut erhalten geblieben sind. In diesem Stil war einst wohl die ganze Seite verziert. Darunter befinden sich weniger gut erhaltene Freskenreste, auf denen man Tiere und Eroten erkennen kann.

Via Livenza 4

Das Hypogäum ist nicht öffentlich zugänglich, aber es finden regelmäßig Führungen statt.

Informationen finden Sie unter www.060608.it/en (Ipogeo di via Livenza).

Da keine eindeutigen Hinweise auf die ursprüngliche Verwendung des Hypogäums gefunden wurden, sind sich die Fachleute bis heute uneins. Für ein öffentliches Bad ist es zu klein, ein Laden kann es auch nicht gewesen sein (dafür lag es auch damals schon zu tief unten). Also war es vielleicht ein Heiligtum irgendeines Mysterienkultes mit einem Becken für rituelle Bäder. Für eine frühchristliche Stätte mit Taufbecken fehlen die sonst allgegenwärtigen Darstellungen christlicher Motive. Es bleibt also viel Raum für allerlei Spekulationen.

97

Santa Costanza, Sant'Agnese fuori le mura und die Katakomben von Sant'Agnese

✶✶✶ ■

Mosaiken, Reliquien und ein Grammatikfehler

Nur ein paar Schritte von Sant'Agnese fuori le mura entfernt finden wir die **Kirche Santa Costanza,** die ursprünglich als Grabmal der Töchter Kaiser Konstantins des Großen, Constantia und Helena, errichtet wurde.

Die Lage direkt bei Sant'Agnese ist nicht zufällig. Unter der heutigen Kirche befinden sich ausgedehnte Katakomben, in denen die heilige Agnes bestattet war. Agnes soll einst eine Heilung Constantias bewirkt haben, weshalb diese in ihrer Nähe bestattet werden wollte und so dieses Bauwerk direkt neben der ursprünglichen fast hundert Meter langen konstantinischen Basilika errichten lies, von der heute nur noch Reste der Außenmauern erhalten sind. Der prächtige rie-

---

Via Nomentana 349

Mit dem Bus Nr. 36 oder 60 fahren Sie ab Termini ca. zwei Kilometer die Via Nomentana entlang. Nach der Kreuzung (Viale XXI Aprile) befindet sich der Eingang auf der linken Seite. Evtl. Busfahrer fragen. Oder Sie nehmen die U-Bahn Linie B in Richtung Conca d'Oro und steigen dann bei Sant'Agnese/Annibaliano aus und laufen ein paar Schritte die Via Sant'Agnese hinauf.

Santa Costanza: Mo–Sa 9–12 u. 16–18; So 16–18 Uhr
Sant'Agnese: 7.30–12 und 16–19.30 Uhr
Katakomben: 9–12 u. 16–18 (außer Sonntagvormittag u. Montagnachmittag. Im November meist 2–3 Wochen geschlossen, also vorher erkundigen unter www.santagnese.com; Tel. +39 68610840).
Sant'Agnese in Agone: 9–12.30 u. 15.30–19 Uhr

Reliquien der heiligen Agnes in Sant'Agnese in Agone an der Piazza Navona

An einem der schönsten Plätze Roms steht die Kirche Sant'Agnese in Agone mit der von Borromini geschaffenen imposanten Fassade. Ein Besuch dieser von einer hohen Kuppel gekrönten Kirche lohnt sich auf jeden Fall. Auf der linken Seite gelangt man durch eine Tür zu einer kleinen Kapelle. In dem Altar ist ein kleiner silberner Sarkophag eingefügt und in der Mitte in einem grünen Kranz ein merkwürdiger kleiner Schädel zu sehen. Darüber steht geschrieben: AGNE SANCTISSIMA (die allerheiligste Agnes).

Ein Besuch eignet sich ideal als Ergänzung zu den berühmten Katakomben an der Via Appia.

→ Stichwort: Sant'Agnese

Die heilige Agnes (ca. 237–250) war die Tochter einer angesehenen römischen Familie und wurde schon kurz nach ihrem Tod verehrt. Der Sohn des römischen Stadtpräfekten war hinter der erst 12-Jährigen her, doch Agnes lehnte alle

Sant'Agnese in Agone an der Piazza Navona

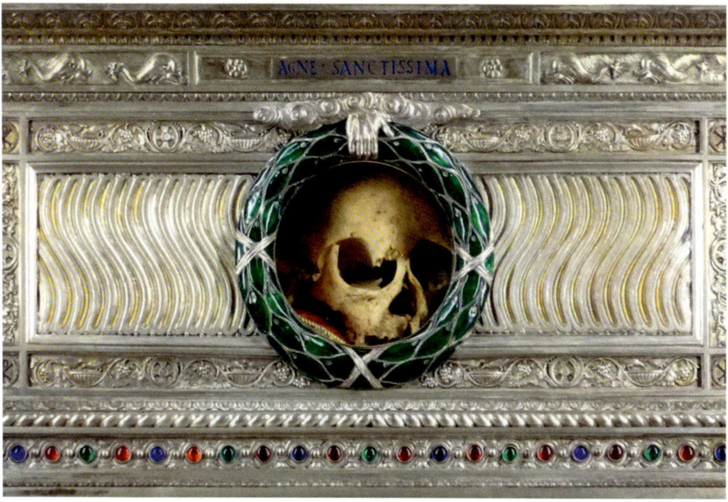

Annäherungsversuche konsequent ab, weil sie, wie sie sagte, bereits mit Jesus Christus verlobt sei. Als sie deswegen vergewaltigt und hingerichtet werden sollte, verhüllte ihr langes Haar ihren gesamten nackten Körper und schützte sie so vor der Missetat. Ihr missliebiger Verehrer wurde von einem Dämon befallen und starb. Agnes aber erweckte ihn wieder zum Leben, was ihr daraufhin den Vorwurf der Hexerei einbrachte. Auf dem Scheiterhaufen sollte sie ihr Ende finden, doch das Feuer wich vor ihr zurück – woraufhin Agnes mit dem Schwert enthauptet wurde (im Stadion des Domitian, der heutigen Piazza Navona, wo auch Borrominis Kirche Sant'Agnese in Agone steht).

Die heilige Agnes ist unter anderem die Patronin der Jungfrauen, Kinder, Verlobten und Gärtner.

Gedenktag ist der 21. Januar.

Bauernregeln: Scheint zu Agnes die Sonne, wird später die Ernte zur Wonne!

Sonnenschein am Agnestag, die Frucht wurmstichig werden mag.

Sarkophag der heiligen Agnes

98

San Lorenzo fuori le mura – Kreuzgang und Katakomben

✶✶✶ ●

(Katakomben ▲)

Ein englischer Bombenwerfer und ein seltsamer Papst

Die Basilika San Lorenzo liegt ein Stück vom Zentrum entfernt und wird daher nicht von Touristenmassen überrannt. Dabei gehört sie zu den wichtigsten Kirchen Roms. Sie ist eine der sieben Pilgerkirchen, die ein frommer Pilger besuchen muss, um den Ablass für seine Sünden zu bekommen (die anderen sechs sind: der Petersdom, die Lateranbasilika, San Paolo fuori le mura, → Santa Croce (50), → Santa Maria Maggiore (48) und San Sebastiano an der Via Appia).

Die Anfänge der Basilika reichen weit zurück, denn Kaiser Konstantin soll sie im frühen vierten Jahrhundert bei dem Grab des heiligen Lorenz' (→ San Lorenzo in Miranda, 56), einem der wichtigsten Heiligen überhaupt, gegründet haben. In der Folge gab es verschiedene Kirchenbauten und Umbauten – nicht immer nur an der gleichen Stelle. Es würde zu weit führen, die gesamte Geschichte der Basilika hier aufzuschlüsseln, wenngleich sie durchaus interessant ist.

Dass wir heute eine intakte Kirche besuchen können, ist nicht selbstverständlich. Am 19. Juli 1943 bombardierten die Alliierten das Gotteshaus, namentlich die Briten, und richteten gewaltige Schäden an. Im Auftrag Churchills war es der britische „Kriegsheld" Air Force Marshal Arthur Harris, der für die Zerstörungen verantwortlich zeichnete – derselbe Harris, der die verheerenden Flächenbombardements vieler deutscher Städte anordnete, die gegen die Zivilbevölkerung gerichtet waren. Die Mutter von Königin Elisabeth,

Piazzale del Verano 3

tägl. 7.30–12.30 u. 15.30–19 Uhr (Winter) u. 16–20 Uhr (Sommer)

Aktuelle Informationen finden Sie unter www.basilicasanlorenzo.it.

Ab Termini kommt man mit den Buslinien 71 und 492 direkt nach San Lorenzo.

die „Queen Mum", schämte sich nicht, 1992 in London ein Denkmal für den auch im eigenen Land als *butcher* (Schlächter) bezeichneten Militär zu enthüllen.

Man betritt die Basilika durch die für mittelalterliche Kirchen typische Vorhalle, die von sechs antiken Marmorsäulen mit ionischen Kapitellen gestützt wird. Die nach der Zerstörung rekonstruierten Fresken zeigen Szenen des Martyriums der Heiligen Lorenz und Stefan. Auf der linken Seite befindet sich das Grabmonument des 1954 verstorbenen italienischen Politikers de Gaspari. Der Christdemokrat war einer der Väter der Europäischen Wirtschafts-Gemeinschaft (EWG – heute EU). Es ist ein Werk des bedeutenden italienischen Künstlers Giacomo Manzù.

Der Teil der Basilika, den man nun betritt, gleich hinter dem Eingang, stammt aus der Zeit von Papst Honorius III. (1216–1227). Die Seitenschiffe werden durch jeweils elf antike Säulen vom Hauptschiff getrennt, an denen zum Teil noch die Schäden durch die britische Bombardierung zu erkennen sind. Gleich hier befindet sich ein großartiger römischer Sarkophag, in dem der Kardinal Guglielmo Fieschi 1256 bestattet wurde, wie aus der darüber angebrachten Inschrift zu entnehmen ist. Ein Stück weiter steht eine Büste des in Italien hochverehrten, sehr umstrittenen, aber dennoch 2002 heiliggesprochenen Padre Pio. Etwas weiter folgt die als Ambo bezeichnete, kosmatesk geschmückte Kanzel.

Noch ein paar Schritte weiter verlässt man die Kirche auf der rechten Seite und gelangt durch die Sakristei zu dem wunderschönen rechtwinklig angelegten

Kreuzgang aus dem 13. Jahrhundert. Jede der Arkaden, zwei auf den schmäleren Seiten und drei auf den breiteren, besitzt fünf Bögen mit kleinen antiken Säulen. Über zwei Seiten befindet sich noch eine Loggia. An den Wänden sind Bruchstücke von Sarkophagen und Inschriften (Spolien) angebracht, in der Mitte befindet sich ein hübsch angelegter Garten mit einem Brunnen.

Hinter der Metalltüre auf der Nordseite liegt der Zugang zu den Katakomben, die nicht öffentlich zugänglich und verschlossen sind. Sollte sie doch einmal geöffnet sein, geht es ein paar Stufen hinunter. Nach zwei, drei Schritten verläuft der Gang nach links und dann gleich wieder rechts. Aber Vorsicht! Auch wenn ein paar elektrische Lampen die Gänge notdürftig beleuchten, schon ein paar Meter weiter ist ein tieferes Loch im Boden.

Also sicherheitshalber eine Taschenlampe einstecken. Gut 30 Meter weiter muss man entweder nach links in Richtung der Kirche oder nach rechts, in einen schmalen langen Gang, von dem weitere enge Gänge abzweigen. Wenn man allein unterwegs ist, sollte man sicherheitshalber hier wieder umkehren, denn die Gefahr, sich zu verlaufen, ist groß.

Wieder zurück in der Kirche führen rechts Stufen nach unten in die andere Basilika, denn strenggenommen ist San Lorenzo eine doppelte Basilika. Dieser Teil geht zurück auf Papst Pelagius II. (579–590). Massive Säulen stützen die darüber liegende Loggia und den Hauptaltar. Ganz hinten kommt man zu der breiten mit Mosaiken geschmückten Grabkapelle mit dem Sarkophag von Papst Pius IX. (1846–1878).

Im Zentrum befinden sich, in einem von vergitterten Rundbögen aus dem 19. Jahrhundert umschlossenen Schrein, die sterblichen Überreste der beiden Heiligen Lorenz und Stefan. Wenn man nun die Stufen auf der anderen Seite hinaufgeht und sich nach links wendet, blickt man auf die Tribüne mit dem freistehenden Hochaltar mit vier Porphyrsäulen. Wie auch im gesamten westlichen Teil der Kirche – vom Eingang bis zur Mitte –, so ist auch diese Tribüne mit einem kunstvollen Cosmatenboden geschmückt. Zwischen den beiden Treppen, die zum Altar hinaufführen, geht es noch einmal hinunter zu dem Schrein, der direkt unter dem Altar liegt und den man umrunden kann.

An den Besuch von San Lorenzo kann man noch einen Gang über den überaus interessanten riesigen römischen Friedhof anschließen, den → Cimitero Monumentale del Verano (99).

→ Stichwort: Papst Pius IX.

Der 1792 geborene Giovanni Maria Mastai-Ferretti ist durch mehrere Fakten und Entscheidungen in die Geschichte eingegangen, die wir zumeist für viel älter halten. Sein Pontifikat ist mit über 31 Jahren bis heute das längste (an zweiter Stelle kommt Johannes Paul II. mit über 26 Jahren). Während der Wirren bei der Entstehung des neuen italienischen Staates musste Pius IX. vorübergehend nach Gaeta fliehen (ca. 150 km südlich von Rom). In der päpstlichen Bulle *ineffabilis deus* (Urkunde mit päpstlichem Erlass) verkündete er das kirchliche Dogma der „unbefleckten Empfängnis" Marias und erklärte den Papst, somit sich selbst, in religiösen und sittlichen Fragen für unfehlbar. 1866, also nach dem Amerikanischen Bürgerkrieg, der zur Befreiung der Sklaven geführt hatte, erklärte er, dass Sklavenhaltung nicht natürlichem und göttlichem Recht widerspreche. Von historischer Tragweite ist außerdem der Anschluss des Kirchenstaates an das neue Königreich Italien (1870). Erst durch die Lateranverträge (1929) wurde dem Vatikanstaat wieder Souveränität zuerkannt. 2000 wurde Pius IX. von Johannes Paul II. seliggesprochen.

99

Cimitero Monumentale del Verano

★★●

Ein gigantischer Ort der letzten Ruhe und so manche Berühmtheit

Gleich neben → San Lorenzo fuori le mura (98) liegt der, nach dem später angelegten Cimitero Flaminio (oder auch Cimitero di Prima Porta) vor den Toren der Stadt, zweitgrößte Friedhof Roms und *Monumentale* ist beileibe nicht übertrieben. Mit einer Fläche von 83 Hektar ist er fast doppelt so groß wie der Vatikan oder die Münchner Theresienwiese, auf der das Oktoberfest stattfindet. Der Name Verano geht auf den Kaiser Lucius Verus (Co-Regent mit Marc Aurel von 161–169) zurück, dem hier größere Ländereien gehört haben.

Da die Entfernungen ziemlich groß und nicht alle gut zu Fuß unterwegs sind, herrscht hier auf den ausgebauten asphaltierten Straßen teilweise reger Autoverkehr. Trotzdem ist es ein besonderes Erlebnis, auf diesem ungewöhnlichen Friedhof herumzulaufen.

Hier befinden sich Gräber von Politkern, Schauspielern, Künstlern, Kurienkardinälen und zahlreichen Persönlichkeiten aus dem öffentlichen Leben. Zu den in Deutschland bekanntesten zählen Maria Montessori, der Schriftsteller Alberto Moravia, die Schauspieler Marcello Mastroianni und Vittorio de Sica oder der legendäre Kommunistenführer der 1950er Jahre, Palmiro Togliatti, nach dem in Russland sogar eine Stadt benannt ist.

Die riesige Totenstadt wurde vor rund 200 Jahren während der Napoleonischen Zeit begründet. Um die entsprechende Fläche zu bekommen, wurde auch Grund enteignet. Der verantwortliche Architekt war Giuseppe Valadier, der auch die Piazza del Popolo gestaltet hat. Die offizielle Einweihung fand 1836 statt. Bei der schweren Bombardierung Roms

Piazzale del Verano 1
Okt–März 7.30–18 Uhr; Apr–Sep 7.30–19 Uhr
Im Info-Center hinter der Cappella Santa Maria della Misericordia gibt es kostenlose Faltprospekte zu verschieden Themen.

durch die Alliierten am 19. Juli 1943 entstanden auch hier große Schäden.

Am Haupttor mit den drei Bögen fallen vier große Statuen auf. Es sind die allegorischen Darstellungen der Meditation, der Hoffnung, der Nächstenliebe und des Schweigens. Danach gelangt man, vorbei an zum Teil prächtigen Grabbauten, kleinen Tempeln und Monumenten, nach ca. 200 Metern zu einem großen gelb gestrichenen Quadriportikus, der 1880 fertiggestellt wurde (quadratischer oder rechteckiger Säulenvorbau). Auch hier stehen zahllose Statuen und herrschaftliche Grabbauten. Auf der gegenüberliegenden Seite sieht man, leicht erhöht, die Cappella di Santa Maria della Misericordia.

Besonders interessant sind die Bereiche des Pincetto Nuovo und des Altopiano Pincetto, die höhergelegenen Abschnitte des Friedhofs, zu denen man gelangt, wenn man den von weitem sichtbaren Hügel auf der linken Seite hinaufsteigt. Dort hat man nicht nur einen guten Überblick über Teile des Friedhofs, hier stehen vor allem von Büschen und Bäumen umrandete monumentale Gräber und Mausoleen, die wie eine verwunschene Stadt wirken. Man sollte einfach herumschlendern, hin und wieder Namen und Daten auf den Gräbern und Monumenten studieren und die eigenartige Atmosphäre wirken lassen.

Wer viel Zeit und Ausdauer mitbringt, kann weitere Teile besuchen, zum Beispiel

die protestantische Abteilung, den Militärfriedhof und den jüdischen Friedhof, den es seit 1870 gibt, als es Juden gestattet wurde, hier bestattet zu werden. Zuvor war der jüdische Friedhof am Aventin. Ein Denkmal erinnert an die ca. 2000 Juden, die während der deutschen Besatzungszeit in KZs verschleppt wurden.

Sehr viel Betrieb herrscht hier logischerweise an Allerheiligen (1. November). Ein Besuch, vor allem bei schönem Wetter, lohnt sich besonders am Tag darauf, dem Allerseelentag, denn da ist nicht mehr so viel Trubel und viele Gräber sind mit frischen Blumen geschmückt.

100

Catacombe di Santi Marcellino e Pietro (Katakombe der Heiligen Marcellinus und Petrus)

✶ ✶ ✶ ■

Die „unterirdische Sixtinische Kapelle“

In Rom gibt es über 60 Katakomben unterschiedlicher Größe, christliche, jüdische, heidnische. Die bekanntesten, zum Beispiel San Sebastiano und San Calisto, liegen an der Via Appia Antica. Erst seit Kurzem besuchen kann man die Katakombe der Heiligen Marcellinus und Petrus an der Via Casilina, die drittgrößte in Rom, südöstlich vom Zentrum gelegen. Erst nach langen Restaurierungsarbeiten, die von der Haydar-Aliyev-Stiftung aus Aserbaidschan finanziert wurden, konnten mit Hilfe neuester Techniken Beläge entfernt werden, die sich im Lauf der Jahrhunderte gebildet hatten.

Links von der Kirche Santi Marcellino e Pietro ad duas Lauros geht man durch einen Torbogen. Dahinter, in einem kleinen Büro und Laden, erhält man die Eintrittskarten und kann auf die obligatorische Führung warten. Schräg gegenüber in einem kleinen Gebäude, das wie ein Schuppen aussieht, befindet sich der Eingang.

Sogleich geht es tief hinunter in den Untergrund. Wie in den anderen Katakomben auch gelangt man in ein weit verzweigtes, viele Kilometer langes Labyrinth enger Gänge mit übereinander aus dem Tuffstein geschlagenen Nischen. Schätzungen belaufen sich auf weit über 12.000 Gräber.

Via Casilina 641

Bus 105 ab Termini bis zur Haltestelle Casilina-Berardi (Busfahrer fragen)

Die Katakomben sind samstags und sonntags für Besucher geöffnet.
Führungen werden um 10, 11, 14, 15, 16 Uhr angeboten.
Es ist sinnvoll, sich vorher anzumelden.
Einzelpersonen können sich aber meist problemlos spontan einer Führung anschließen.

Nähere Informationen, auch zu Führungen in anderen Sprachen, finden Sie unter www.santimarcellinoepietro.it/deutsch.

Bevor die Katakomben für die Öffentlichkeit geöffnet wurden, waren sie alle mit Platten verschlossen. Wie in anderen zugänglichen wurden auch hier die Reste der Gebeine zumeist in tiefer gelegene Bereiche umgebettet. Was diese Katakombe, die ab Mitte des dritten Jahrhundert entstanden ist, von den anderen unterscheidet, sind die außerordentlich prächtigen und gut erhaltenen Fresken. Fachleute schwärmen sogar von einer „unterirdischen Sixtinischen Kapelle". Besonders schöne Fresken finden sich in den zahlreichen Grabkammern, auf denen typische frühchristliche Szenen dargestellt sind, zum Beispiel der gute Hirte, die Taube mit dem Olivenzweig oder alttestamentarische Propheten. Ein kleiner, als Basilika bezeichneter Raum aus dem siebten Jahrhundert gab Gläubigen die Möglichkeit, bei den Märtyrern Marcellinus und Petrus zu beten, die, wie viele andere, unter Diokletians Herrschaft ermordet wurden. Ihre sterblichen Überreste wurden im neunten Jahrhundert über Frankreich nach Seligenstadt am Main gebracht, wo sie sich noch heute befinden.

Die Katakomben gerieten irgendwann in Vergessenheit, dennoch zeugen Spuren davon, dass immer wieder jemand eingedrungen ist, um zu plündern. Andere Eindringlinge haben heute noch sichtbare Graffiti hinterlassen.

Neben dem Eingang zu den Katakomben steht ein mächtiger antiker Rundbau (um 330 n. Chr.): das **Mausoleum der heiligen Helena**, der Mutter Kaiser Konstantins. Es war wohl vergleichbar mit dem bestens erhaltenen Mausoleum der Constanza neben → Sant'Agnese fuori le mura (97). Die von unten erkennbaren aufgebrochenen Gefäße, ganz oben, waren leere Amphoren, die zur Stabilisierung und zur Reduzierung des Gewichts der Kuppel eingelassen waren. Der prächtige Porphyrsarkophag mit den Gebeinen der Helena stand noch im elften Jahrhundert hier, doch ist er längst in den Vatikanischen Museen zu bewundern.

→ Stichwort: heilige Helena

Die Wirtstochter Helena (geb. um 250 in der heutigen Türkei) war die Lebensgefährtin, so würde man heute wohl sagen, von Kaiser Konstantius I. und stets bemüht, dessen offizielle Ehefrau Theodora zu verdrängen. 312 bekannte sie sich zum Christentum und unternahm von da an alles, um den neuen Glauben zu verbreiten. Sie veranlasste den Bau von Kirchen, womöglich auch die ursprüngliche Kirche Santi Marcellino e Pietro. Von einer Pilgerreise nach Jerusalem soll sie die berühmte Scala Santa beim Lateran mitgebracht haben, ebenso das heilige Kreuz, das in Santa Croce in Gerusalemme (50) verehrt wird. Die Reliquien der heiligen Helena befinden sich ebenfalls in dieser Kirche, aber Teile auch in Trier und in Paris. Sie verstarb vermutlich am 18. August 329, doch auch das ist nicht sicher.

Gedenktag ist der 18. August.

Die heilige Helena ist unter anderem die Patronin von Trier und Frankfurt, schützt Bergwerke und hilft, wie der heilige Antonius, beim Wiederfinden von verlorenen Sachen.

Meine alternative Top-10-Liste

Seit vielen hundert Jahren ist Rom ein bevorzugtes Reiseziel. Früher waren es vor allem Pilger, die die mühsame und gefährliche Reise auf sich nahmen, um ihr Seelenheil zu retten. Ende des 18. Jahrhunderts besuchte Goethe auf seiner berühmten Italienischen Reise die Ewige Stadt und später kamen vor allem englische Adelige und Künstler aus Mittel- und Nordeuropa. Heute sind es vielfach Studienreisende, die sich keine der Hauptsehenswürdigkeiten Roms entgehen lassen. Ganz oben auf der Liste stehen u. a. das Kolosseum, der Trevibrunnen, der Petersdom und das Pantheon.

Aus den hier vorgestellten 100 weniger bekannten Sehenswürdigkeiten möchte ich meine persönliche alternative Top-10-Liste vorstellen.

Fresken in der Cappella Bessarione

Die Krypta und die Cappella Bessarione in der Basilika Santi Apostoli | → 1

Kreuzgang und Convent von Santissima Trinità dei Monti | → 11

San Giovanni Calibita und die Sacconi Rossi | → 36

Porta Alchemica | → 52

Santi Andrea e Gregorio al Monte Celio und die drei Oratorien Sant'Andrea, Santa Barbara und Santa Silvia | → 57

Santi Quattro Coronati (Kreuzgang und Silvester-Kapelle) | → 58

Sotterranei von San Giovanni in Laterano | → 61

San Cosimato und die Kreuzgänge im Krankenhaus Regina Margherita | → 68

Basilica di San Pancrazio und Katakomben | → 74

Nekropole an der Via Triumphalis im Vatikan | → 78

Zwischen Bahnhof Termini und Santa Croce

Trattoria Morgana
(beim Auditorium des Maecenas → 47)
Via Mecenate 21
12.30–15 u. 19–23 Uhr
Ruhetag ist Mittwoch.
Tel. +39 64873122
Auf jeden Fall reservieren.
www.trattoriamorgana.com
Tipp: Coratella d'abacchio; donnerstags gibt es hausgemachte Gnocchi.

Trattoria Monti
(bei Santa Maria Maggiore → 48)
Via di San Vito 13/A
12.30–14.30 u. 19–22.30 Uhr
Montag ist Ruhetag.
Kleine, feine Trattoria; unbedingt reservieren.
Tel. +39 64466573
Tipp: Tageskarte beachten.

Trastevere

Miraggio
(zwischen Palazzo Corsini und San Giacomo alla Lungara → 73)
Via della Lungara 16A
12–15 u. 19–22.30 Uhr
Kein Ruhetag.
Tel. +39 66875319
Tipp: Rigatoni con Pajata; Coda alla Vaccinara.

Spirito DiVino
(bei Santa Cecilia – Trastevere → 65)
Via dei Genovesi 31 A/B
19–23.30 Uhr
Sonntag ist Ruhetag.
Tel. +39 65896689
www.ristorantespiritodivino.com
Edle, elegante Trattoria.
Gehört zu „Slow Food".
Unbedingt reservieren.
Tipp: ein Gericht nach einem altrömischen Rezept; den Weinkeller besichtigen.

Außerhalb des Zentrums

Checchino dal 1887
(am Testaccio – Metro Piramide)
Via di Monte Testaccio 30
12.30–15 u. 20–23.45 Uhr
Sonntagabend und Montag ist geschlossen.
Tel. +39 65743816.
www.checchino-dal-1887.com
Edles Restaurant mit langer Tradition und einem der besten Weinkeller in Rom. Hier gibt es die „Armeleuteküche" auf Topniveau.
Unbedingt reservieren.
Tipp: das traditionelle „Menu degustazione storico".

Außerdem:

Zwischen Bahnhof Termini und Santa Croce

Mercato Centrale im Bahnhof Termini
(ganz hinten im Bahnhofsgebäude, von außen zugänglich)
Via Giovanni Giolitti 36
tägl. 8–24 Uhr
Seit 2016 gibt es im Bahnhof Termini eine feine Restaurantmeile mit verschiedenen Ständen, die ein breites Spektrum leckerer Speisen und Getränke anbieten.

Außerhalb des Zentrums

Eataly (beim Bahnhof Ostiense)
Piazzale XII Ottobre 1492
Metro B – Piramide.
Zum Bahnhof sind es ca. 500 Meter. Ein Fußgängertunnel führt unter den Bahngleisen zur anderen Seite
tägl. 9–24 Uhr
www.eataly.net/it_it/negozi/roma
Eataly befindet sich in einer riesigen Halle mit zwei Etagen, die zur Fußball-WM 1990 gebaut und anschließend nicht mehr genutzt wurde. Seit 2012 befindet sich hier dieser Gourmettempel mit einem sensationellen Angebot an allem, was Italien an kulinarischen Feinheiten zu bieten hat. Im Restaurantbereich im Obergeschoss kann man sich verwöhnen lassen. Filialen von Eataly gibt es in ganz Italien sowie u. a. in New York und München.

Caffè Delizie di Sicilia
(bei der Metro Station Subaugusta – Parco degli Acquedotti → 93)
Via Tuscolana 985
tägl. 5.30–24 Uhr
Tel. +39 671583960
Aus der arabisch geprägten Epoche im Mittelalter stammen die Rezepte der süßen Leckereien in Sizilien.
Tipp: Wenn man den kleinen Ausflug zu den Aquädukten macht, kann man hier noch eine kleine Wegzehrung besorgen.

Zur Aussprache des Italienischen

Nein, ich will Ihnen nicht unterstellen, dass Sie zu denjenigen gehören, die italienische Wörter massakrieren. Aber es kommt eben allzu oft vor, dass deutsche Touristen im *ristorante* oder in der *trattoria* (Betonung auf dem ***i***) „gnotschi" (*gnocchi* – sprich ‚njocki') oder „taklia-telle" (*tagliatelle* – sprich: taljatelle) bestellen und vom Kellner daraufhin (aus reiner Höflichkeit) auch noch ein „*Parla bene italiano, signore/signora*" zu hören bekommen.

Also hier kurz die wichtigsten Regeln:

c	+ a/o/u	→ k	(***c**asa* – Haus, ***c**osa* – Sache)
c	+ e/i	→ tsch	(***c**ento* – Hundert, *ba**c**i* – Küsse)
ch	+ e/i	→ k	(***ch**e* – was, ***ch**ianti*)
cch	+ e/i	→ ck	(*ta**cch**ino* – Truthahn, *ma**cch**ina* – Auto)
ci	+ a/o/u	→ tsch	(***ci**occolata* – Schokolade, *go**cci**a* – Tropfen)
g	+ a/o/u	→ g	(***g**atto* – Katze, ***g**usto* – Geschmack)
g	+ e/i	→ dsch	(***g**elato* – Eiscreme, ***g**irasole* – Sonnenblume)
gh	+ e/i	→ g	(*spa**gh**etti, Lambor**gh**ini*)
gi	+ a/o/u	→ dsch	(***gi**allo* – gelb/Krimi, ***Gi**or**gi**o* – sprich: Dschordscho)
sc	+ e/i	→ sch	(***sc**emo* – doof, ***sc**iòpero* – sprich: schopero = Streik)
sch	+ e/i	→ sk	(*bru**sch**etta* – sprich: brusketta)
gn		→ nj	(*lasa**gn**e, **gn**occhi*)
gl		→ lj	(*botti**gl**ia* – Flasche, *ta**gl**iatelle*)
h		→	(wird nicht gesprochen; *ho, hai, hanno* – sprich: o, ai, anno)

Glossar

Obwohl ich auf allzu viele archäologische, kunsthistorische und architektonische Fachbegriffe verzichtet habe, lassen sich manche doch nicht umgehen. Deshalb werden sie hier noch kurz erläutert.

(Amphi)theater – Selbst in Sachbüchern und Kulturdokumentationen im Fernsehen werden Theater immer wieder fälschlich als Amphitheater bezeichnet. Ein Amphitheater (von griech. αμφί = rundum) ist eine römische Erfindung für Gladiatorenkämpfe, Tierhetzen etc. Bisher kennt man ca. 250 Amphitheater im gesamten Gebiet des römischen Reiches, von kleinen Holzkonstruktionen bis zum riesigen Kolosseum. Das **Theater** haben die Griechen erfunden. Es ist halbrund mit einer Bühne und der Bühnenwand dahinter abgeschlossen. Neben der großen Zahl z. T. gut erhaltener griechischer Theater gibt es hunderte römischer, in denen Tragödien, Komödien und auch seichte Kost aufgeführt wurden.

Apsis – Meist halbrunder Bauteil in Kirchen über dem Altar. In sehr alten Kirchen oft mit prächtigen Mosaiken geschmückt. Mehrzahl: Apsiden.

(Arci)confraternita – (Erz)bruderschaft. Diese Laienorganisationen haben eine lange kirchliche Tradition. Die meisten haben eine gemeinsame Aufgabe. Früher kümmerten sie sich z. B. darum, unbekannten Toten ein christliches Begräbnis zu ermöglichen. Heute betreuen sie Strafgefangene oder widmen sich sozialen Aufgaben. Anders als der Name vermuten lässt, sind längst auch Frauen als Mitglieder zugelassen.

Architrav – Ein Architrav ist der steinerne Querbalken z. B. über einer Säulenhalle. Er trägt die Dachkonstruktion.

Basilika – Die klassische Basilika war eine Gerichts- oder Markthalle (z. B. die Basilika Julia auf dem Forum Romanum). Im Namen steckt das griechische Wort für König, Basileus (βασιλεύς). Es handelt sich also um eine Königshalle, die aus einem Hauptschiff und zwei Seitenschiffen bestand. Ein derartige dreischiffige Kirche ist demnach architektonisch gesehen eine Basilika, unabhängig von der Größe. Aber es gibt auch noch den Status einer Basilika. Dabei handelt es sich um einen von der katholischen Kirche verliehenen Titel.

Es gibt sechs basilicae maiores, die den höchsten Rang genießen (vier in Rom, zwei in Assisi), und ein große Zahl (weltweit fast 1800) mit dem Titel basilica minor (die kleinere Basilika).

Circus – Ein antiker Circus ist eine langgestreckte U-förmige Pferderennbahn, auf der sich Wagengespanne tollkühne Rennen lieferten. Ein Circus war mindestens 500 Meter lang. So eine riesige Anlage hatte nur in großen Städten Sinn. Im Römischen Reich gab es rund 50 solcher Rennbahnen.

Cosmaten – Der Name geht zurück auf die römische Familie der Cosmati, Marmorkünstler im zwölften bis 14. Jahrhundert, die in zahlreichen Kirchen wunderschöne Fußböden mit geometrischen Mustern geschaffen haben.

Fresken – Eine Maltechnik, bei der die Farbe auf frischen Putz (ital. *fresco* = frisch) aufgetragen wird. Dabei dringt die Farbe tiefer in Fläche ein und wird somit haltbarer. Schon Etrusker und Römer haben diese Methode vielfach angewendet.

Griechisches Kreuz – Das griechische Kreuz hat vier gleich lange Seiten wie ein Pluszeichen. Die Vierung einer Kirche hat häufig den Grundriss eines griechischen Kreuzes.

Hypogäum – Ein Hypogäum ist ein unter der Erdoberfläche liegender Raum. Der Begriff kommt aus dem Griechischen. Oft handelt es sich um Kult- oder Grabstätten.

Insula – Eigentlich ist *insula* das lateinische Wort für Insel. Es wurde aber auch für die mehrstöckigen Wohnblöcke mit Mietwohnungen in altrömischen Städten verwendet, da diese ähnlich einer Insel freistanden.

Ikone – Unter Ikonen (griech. εἰκών = Bild) versteht man in erster Linie Heiligenbilder der orthodoxen Kirche.

Kapitell – Ein Kapitell ist der schmückende Aufsatz auf einer Säule. Der Begriff stammt von der Verkleinerungsform Form von lat. *caput* = Kopf. Ein Kapitell ist also das Säulenköpfchen. Die wichtigsten antiken Typen sind: dorisch (schlicht und ringförmig), ionisch (mit zwei Spiralen) und korinthisch (verschnörkelt mit stilisierten Pflanzen und Blättern).

Karmeliten – Der Orden der Brüder der allerseligsten Jungfrau Maria vom Berge Karmel wurde im zwölften Jahrhundert am Karmelberg (heute Israel) gegründet. Die bekannteste Karmelitin ist Teresa von Avila (1515 –1582), die Nationalheilige Spaniens.

Katakomben – Auch wenn man heute die Bereiche im tiefen Inneren eines Fußballstadions Katakomben nennt, sind es historisch betrachtet unterirdische Begräbnisstätten für Ärmere. Der Name geht auf den Bereich zurück, an dem an der Via Appia Antica Tuffsteinbrüche waren *(ad catacumbas)*. Die mehr als 60 bekannten römischen Katakomben sind zusammen gerechnet etliche hundert Kilometer lang, die meisten mehrstöckige Labyrinthe, in denen man sich allein hoffnungslos verirren würde.

Kampanile – Ein Kampanile ist der Glockenturm einer Kirche (ital. *campana* = Glocke).

Kolumbarium – In dem Begriff steckt das lateinische Wort für Taube *(columba)*, denn die altrömischen Grabkammern für Urnen ähneln einem Taubenschlag. Auch heute gibt es noch Kolumbarien, da diese

Bestattungsstätten für Urnen billiger und leichter zu pflegen sind.

Konvent – Während sich der Begriff Kloster mehr auf die Baulichkeiten und Abtei auf die interne Organisation bezieht, bedeutet Konvent (von lat. Zusammenkunft) die Gesamtheit der Mönche oder Nonnen im Kloster.

Kreuzgang – Ein Kreuzgang (ital. *chiostro*) ist, anders als der Name vermuten lässt, rechtwinklig oder quadratisch. Er schließt an eine Klosterkirche an, ist überdacht und in Südeuropa nach innen geöffnet. Der innere Teil wurde und wird oft als Kräutergarten genutzt.

Krypta – Eine Krypta (griech. κρυπτός = verborgen) ist ein, meist von Säulen gestütztes, Gewölbe unter einer Kirche, in dem sich oft Gräber befinden oder Reliquien aufbewahrt werden.

Liberty Stil – Liberty Stil, Art Nouveau oder Jugendstil gehören alle in die Zeit zwischen ca. 1890 und dem Beginn des Ersten Weltkriegs (1914). Alle drei zeichnen sich durch üppige florale und dekorative Ornamentik aus.

Loggia – Eine Loggia ist ein meist im Obergeschoss eines Gebäudes liegender Raum mit Säulen und Bögen. Anders als ein Balkon springt eine Loggia nicht hervor. Eine ebenerdige Loggia entspricht in der Funktion einer antiken Portikus.

Lunette – Lunetten (franz. *la lune*, kleiner Mond) nennt man die bogenförmigen Bilder in Kreuzgängen, die dort oft die Geschichte eines Heiligen erzählen.

Manierismus – Manierismus ist ein Kunststil aus dem späten 16. Jahrhundert, also nach der Blüte der Renaissance-Malerei. Anders als die an der Antike orientierte Renaissance mit ihrer Formenklarheit schwelgt der Manierismus in Üppigkeit und Übertreibung.

Mausoleum – Ein Mausoleum ist ein oft riesiges Grabmal mit mehreren Räumen und Stockwerken und einer Krypta. Der Begriff stammt von dem Grabmal des kleinasiatischen Königs Mausolos aus dem vierten Jahrhundert vor Christus, das zu den sieben Weltwundern gezählt wurde.

Nekropole – Der Begriff Nekropole ist griechisch und bedeutet Totenstadt. Es handelt sich dabei aber um mehr als einen Friedhof; eine Nekropole ist eine größere, oft mit Grabbauten angelegte Begräbnisstätte.

Nimbus – Ein Nimbus (vom lateinischen Wort für Wolke) ist ein Heiligenschein. Er symbolisiert das Strahlen und Leuchten einer besonderen Person. Ein viereckiger Nimbus weist auf eine zum Zeitpunkt der Darstellung noch lebende Person hin. Ein Nimbus ist keineswegs nur auf die christliche Symbolik beschränkt. Auch Buddhastatuen oder Apollodarstellungen sieht man häufig mit einem Nimbus.

Nymphäum – In der Antike war ein Nymphäum ein Quellenheiligtum für Wassernymphen, eine Art Naturgeist. Es gab u. a. Wald-, Berg-, Meer- und sonstige Nymphen. Im Barock und auch noch später wurden am antiken Stil orientierte Nymphäen eher „Partylocations", weil dort viel erfrischendes Wasser plätscherte.

Obelisk – Ursprünglich ist ein Obelisk ein zu Stein gewordener Sonnenstrahl zu Ehren des ägyptischen Gottes Re. Das griechische Wort ὀβελός (obelos) bedeutet u. a. Spieß. Der klassische Obelisk ist aus dem roten Granit im oberägyptischen Assuan gebrochen. Nicht nur die Römer haben in Ägypten Obelisken gestohlen. Nein, auch Franzosen und Engländer haben welche „mitgenommen“. Der größte fertiggestellte ist der am Lateran (Höhe 34 Meter; Gewicht über 450 Tonnen).

Oratorium – Ein Oratorium (von lat. *orare* = beten) ist ein kleinerer kapellenähnlicher und oft üppig geschmückter (meist an Kirchen angeschlossene) Versammlungsraum zum Beten.

Portikus – Eine Portikus (trotz der -us Endung im lateinischen feminin!) ist eine Säulenhalle bzw. ein überdachter Säulengang. Eine Quadriportikus ist ein viereckiger Säulengang (wie die meisten Kreuzgänge).

Reliquiar – Ein Reliquiar ist ein prächtig verziertes Behältnis für Reliquien, also für die mehr oder weniger echten Knochen oder sonstigen Überreste von Heiligen.

Sacco di Roma – 1527 fielen deutsche Landsknechte (ital. *lanzichenecchi*) und Söldner aus verschiedenen Ländern in Rom ein und plünderten, vergewaltigten und zerstörten. Diese verheerenden Gewalthandlungen wurden von Kaiser Karl V. toleriert. Erst fast ein Jahr später zogen die verblieben Truppen aus Rom ab.

Sarkophag – Im Gegensatz zu einem herkömmlichen Sarg ist ein Sarkophag die aus Stein gemeißelte Luxusversion. Reiche Römer, die sich nicht mit einer bescheidenen Grabnische in den Katakomben begnügen mussten, leisteten sich oft kunstvolle Meisterwerke aus Marmor oder Porphyr. Der griechische Begriff Sarkophag bedeutet so viel wie Fleischfresser.

Sotterranei – Italienisch von *sotto* = unten und *terra* = Erdboden. In Rom nennt man die diversen im Untergrund befindlichen Bauten oder Resten von Bauten *sotterranei*.

Spolien – Spolien sind Reste und Bruchstücke antiker Grabsteine, Inschriften, Reliefs oder Statuen, die z. B. an den Wänden von Kreuzgängen angebracht sind.

Stanzen – Der Begriff stammt aus dem Italienischen (*la stanza* = Raum, Zimmer).

Stele – Eine Stele ist eine große meist mit Reliefs verzierte Steintafel, meist eine Grab- oder Inschriftentafel.

Titelkirche – Heute ist eine Titelkirche eine Kirche in Rom, die einem bestimmten Bischof oder Kardinal unterstellt ist. So ist beispielsweise Santo Stefano Rotondo dem Erzbischof von München und Freising zugeteilt. Im alten Rom war eine Titelkirche eine Art Hauskirche, da es in der Frühzeit des Christentums noch keine „richtigen“ Kirchen gab.

Trompe l'œil – Unter diesem französischen Begriff versteht man eine optische Täuschung. So kann ein zweidimensionales Bild dreidimensional wirken. Auch perspektivische Malerei oder Scheinkuppeln in Kirchen werden als Trompe l'œil bezeichnet.

Vierung – Die Vierung ist der Teil einer Kirche zwischen Hauptschiff, Altarbereich und Querschiffen, der eigentliche Mittelpunkt einer Kirche.

Wir freuen uns über Kritik, Kommentare und Verbesserungsvorschläge, gern auch per E-Mail an info@reise-know-how.de.

Alle Informationen in diesem Buch sind vom Autor mit größter Sorgfalt gesammelt und vom Lektorat des Verlages gewissenhaft bearbeitet und überprüft worden.

Da inhaltliche und sachliche Fehler nicht ausgeschlossen werden können, erklärt der Verlag, dass alle Angaben im Sinne der Produkthaftung ohne Garantie erfolgen und dass Verlag wie Autor keinerlei Verantwortung und Haftung für inhaltliche und sachliche Fehler übernehmen.

Die Nennung von Firmen und ihren Produkten und ihre Reihenfolge sind als Beispiel ohne Wertung gegenüber anderen anzusehen. Qualitäts- und Quantitätsangaben sind rein subjektive Einschätzungen des Autors und dienen keinesfalls der Bewerbung von Firmen oder Produkten.

Bildnachweise
Alle Bilder: Gerhard Kotschenreuther, soweit nicht anders gekennzeichnet.

CITTÀ DEL VATICANO
PRATI
PONTE PARIONE
REGOLA
MONTE GIANICOLO
AURELIO
TRASTEVERE
Via S. Veniero
Viale Vaticano
Viale Bastioni di Michelangelo
V. dei Gracchi
Pza. d. Unità
Via Plinio
Via Virgilio
Via Orazio
V. Ennio Q.
V. Gioachino
Via Cicerone
Via Boezio
Via Cassiodoro
Via Tacito
Via Properzio
Via Tibullo
Via Terenzio
Via Ovidio
Via Crescenzio
Piazza Adriana
Via Alberico II
Via Porta Angelica
Borgo Angelico
V. S. Porcari
Pza. Americo
Borgo Vittorio
Borgo Pio
Via Mascherino
V. del Belvedere
Via delle Posta
Via Topografio
Via d. Pellegrino
Pza. Città Leonina
V. dei Corridori
Borgo Sant' Angelo
L.go Porta Castello
Piazza Pia
Largo Giovanni XXIII
Largo Colonnato
Pza. Pio XII
Lungotevere Castello
Lung. Vaticano
Ponte S. Angelo
Pza. d. Governatorato
Piazza d. Stazione
Piazza S. Marta
Via Teutonica
L.go d. Alicorni
Via Paolo VI
Borgo Santo Spirito
Via d. Ospedale
Via d. Penitenzieri
Lgt. in Sassia
Pte. Vitt. Emanuele II
L. d. Altoviti
Pza. S. Salv. in Lauro
V. dei Coronari
Pza. P. Paoli
V. d. B. S. Spirito
Via di Pancio
Lgt. d. Fiorentini
V. Acciaioli
Largo Tassoni
Pza. Cesarini
Pza. della Chiesa Nuova
Via Banchi Vecchi
Via Giulia
Via del Monserrato
Lgo. L. Perosi
Pza. del Uffizio
Pza. Gregorio VII
L.go di Porta Cavalleggeri
Galleria Principe Amedeo Savoia-A.
Via Aurelia
Pza. d. Rovere
V. Urbano VIII
Via del Gianicolo
Sal. di S. Onofrio
Pza. di S. Onofrio
Via della Lungara
Via Sergio I
Via Paolo II
Pza. S. Maria a. v Fornaci
Via Nicolò III
V. Innocenzo III
Clivio di Monte del Gallo
Via di Monte del Gallo
Pza. della Staz. di S. Pietro
V. della Stazione di San Pietro
Via del Lago Terrione
Via Nuova delle Fornaci
Viale delle Mura Aurelie
Via G. Missori
Via delle Fornaci
Passeggiata del Gianicolo
Pza. d. Faro
Via d. Orti d'Alibert
Via d. Mantellate
Via di San Francesco di Sales
Via dei Riari
Via Corsini
Via della Cava Aurelia
V. A. Ceriani
Vic. del Vicario
P.le Giuseppe Garibaldi
Pass. del Gianicolo
V. Benedetta
Via Garibaldi
V. d. Scala
V. del Mattonato
Vic. del Bologna
Pza. di S. Egidio
Pza. S. Maria in Trastevere
V. di Pta. S. Pancrazio
Piazza d. S. Pietro in Montorio
Ple. Aurelio
Largo di Pta. S. Pancrazio
Via A. Masina
Via Medici
Via Luciano Manara
Via A. Bertani
Piazza S. Cosimato
Via Giacomo Medici
Via Fabrizi
Via Nicola Fabrizi
Viale Glorioso
Via G. Sacchi
Via dei Quattro Venti
Pza. F. Cucchi
Via del Vascello
Via Carini
Piazza S. Pancrazio
Via A. Algardi
Via F. Bonnet
V. P. Roselli
L.go Minutilli
Via Calandrelli
Ple. Wurts
Via Dandolo
Via F. Casini
Piazza Bernardino Feltre
Viale di Villa Pamphili
Via Basilio Bricci
Via Giacinto Carini
V. F. Bolognesi
Via O. Regnoli
Via Fonteiana
Pza. Ottavilla
Viale Aurelio Saffi
Via Vici
V. F. S. Sprovieri
Via G. Rossetti
Piazza R. Pilo
V. d. Mura Gianicolensi